Profissão docente:
pontos e contrapontos

Dados Internacionais de Catalogação na Publicação (CIP)
(Câmara Brasileira do Livro, SP, Brasil)

Penin, Sonia
  Profissão docente : pontos e contrapontos /
Sonia Penin, Miquel Martínez ; Valéria Amorim Arantes
(org.). — São Paulo : Summus, 2009. — (Coleção pontos e contrapontos)

  Bibliografia.
  ISBN 978-85-323-0502-2

  1. Educadores – Brasil 2. Prática de ensino
3. Professores – Educação 4. Professores – Formação
profissional I. Martínez, Miquel. II. Arantes, Valéria
Amorim. III. Título. IV. Série.

09-00417   CDD-370.71

Índices para catálogo sistemático:

1. Docentes : Formação : Educação 370.71
2. Profissão docente : Educação 370.71

Compre em lugar de fotocopiar.
Cada real que você dá por um livro recompensa seus autores
e os convida a produzir mais sobre o tema;
incentiva seus editores a encomendar, traduzir e publicar
outras obras sobre o assunto;
e paga aos livreiros por estocar e levar até você livros
para a sua informação e o seu entretenimento.
Cada real que você dá pela fotocópia não autorizada de um livro
financia um crime
e ajuda a matar a produção intelectual em todo o mundo.

Profissão docente:
pontos e contrapontos

Sonia Penin
Miquel Martínez

Valéria Amorim Arantes
(org.)

summus
editorial

PROFISSÃO DOCENTE: PONTOS E CONTRAPONTOS
Copyright © 2009 by Sonia Penin,
Miquel Martínez e Valéria Amorim Arantes
Direitos desta edição reservados por Summus Editorial

Editora executiva: **Soraia Bini Cury**

Assistentes editoriais: **Andressa Bezerra e Bibiana Leme**

Capa: **Ana Lima**

Coordenação editorial: **Carlos Tranjan (Página Viva)**

Tradução dos textos em espanhol: **Óscar Curros**

Preparação de texto: **Tuca Faria**

Revisão: **Agnaldo A. de Oliveira e Claudia Morato**

Projeto gráfico: **José Rodolfo de Seixas**

Diagramação: **Vagner Facuri**

Summus Editorial
Departamento editorial
Rua Itapicuru, 613 – 7º andar
05006-000 – São Paulo – SP
Fone: (11) 3872-3322
Fax: (11) 3872-7476
http://www.summus.com.br
e-mail: summus@summus.com.br

Atendimento ao consumidor
Summus Editorial
Fone: (11) 3865-9890

Vendas por atacado
Fone: (11) 3873-8638
Fax: (11) 3873-7085
e-mail: vendas@summus.com.br

Impresso no Brasil

Sumário

Apresentação – *Valéria Amorim Arantes* **7**

PARTE I – Profissão docente **13**
Sonia Penin
Miquel Martínez

Profissão docente e contemporaneidade – *Sonia Penin*
Um pouco de história **16**
Profissionalidade, formação inicial e continuada **24**
Profissionalidade na vivência das culturas
e dos saberes **31**
Conclusão **35**
Referências bibliográficas **39**

O trabalho docente e os desafios da educação –
Miquel Martínez
Sociedade, docentes e família **43**
Os objetivos da educação hoje **47**
Como trabalhar para avançar nesses objetivos **50**
Considerações finais **60**

PARTE II – Pontuando e contrapondo........................ 65

Sonia Penin
Miquel Martínez

Parte III – Entre pontos e contrapontos.................... 109

Sonia Penin
Miquel Martínez
Valéria Amorim Arantes

Apresentação

Valéria Amorim Arantes[*]

> *"Ninguém começa a ser educador numa certa terça-feira às quatro horas da tarde. Ninguém nasce educador ou marcado para ser educador. A gente se faz educador, a gente se forma, como educador, permanentemente, na prática e na reflexão sobre a prática."*
>
> Paulo Freire[**]

Adentrar as diferentes dimensões que envolvem a complexidade do trabalho docente em todos os seus níveis, analisando-as criticamente e buscando caminhos que contribuam efetivamente para a compreensão dos processos de ensino e aprendizagem humanos, é o maior objetivo do livro que ora lhes apresento – *Profissão docente* –, o sexto da coleção *Pontos e contrapontos*.

---

[*] É docente da graduação e da pós-graduação da Faculdade de Educação da Universidade de São Paulo.

[**] Freire, P. *A educação na cidade*. São Paulo: Cortez, 1991, p. 58.

VALÉRIA AMORIM ARANTES (ORG.)

Partindo da premissa de que o trabalho docente se dá nos emaranhados de um complexo contexto social e institucional, os autores da obra, Sonia Penin, professora e atual diretora da Faculdade de Educação da Universidade de São Paulo, e Miquel Martínez, professor catedrático e diretor do Instituto de Ciências da Educação (ICE), da Universidade de Barcelona (Espanha), trazem novos elementos e perspectivas que enriquecem o tratamento e a análise da referida temática, bem como das diversas questões dela derivadas.

A estrutura do livro segue a proposta de diálogo da coleção *Pontos e contrapontos*, que é composta de três diferentes etapas. Na primeira, Parte I, cada um dos autores discorre livremente sobre o tema que lhes foi solicitado; no caso deste livro, sobre a profissão docente.

O texto de Sonia Penin está estruturado em três diferentes momentos: no primeiro, a autora discorre sobre alguns aspectos históricos da atividade de ensino e a profissão docente; no segundo, partindo do conceito de profissionalidade e sua relação com a trajetória de formação dos professores, faz uma análise dos fatores de satisfação e insatisfação do trabalho docente; no terceiro, partindo da compreensão que os professores têm de sua vivência, a autora propõe maneiras de promover sua profissionalidade.

No caso de Miquel Martínez, para discorrer sobre os desafios que envolvem o trabalho docente (e o bem-estar desses profissionais) o autor escolheu uma trajetória que o levou a estruturar seu texto em três blocos. No primeiro, advertindo-nos sobre a falta de informação e o caráter individualista da sociedade contemporânea, o autor ressalta a importância que a instituição escolar tem no aumento da densidade cultural da população. Em seguida, ainda no primeiro bloco, considerando a pluralidade da sociedade contemporânea, discorre sobre o papel das famílias e deixa claramente seu recado para o(a) leitor(a): os desafios educacionais atuais não podem ser resolvidos apenas pela escola, mas devem ser abordados por meio de políticas públicas que atinjam as famílias, a infância, a mídia etc. No segundo bloco, Miquel discorre sobre os objetivos da educação, centrando-se em três deles: 1) contribuir para que os alunos sejam capazes de avançar e construir sua vida de forma sustentável, 2) contribuir para que eles sejam capazes de tomar decisões e de adotar uma postura diante de assuntos polêmicos; 3) possibilitar às pessoas serem felizes. No terceiro bloco de seu texto inicial, com o intuito de sinalizar como alcançar os objetivos traçados no segundo bloco, Miquel discorre sobre três âmbitos que devem ser trabalhados na educação: o mundo dos sentimentos, o mundo da linguagem e a capacidade para que os alunos construam valores morais. Concluindo, o autor defende veementemente que a tarefa docente deve ser entendida como uma profissão, que o professor deve estar comprometido com a sua própria formação e atualização contínua, com disponibilidade permanente para a autoformação, e que deve ser criada uma cultura de autoavaliação nas escolas.

Na segunda parte do livro – Pontuando e Contrapondo –, coube a cada um dos autores formular quatro questões sobre o texto de seu parceiro de diálogo. Nesse contexto, sugerindo que atualmente existe uma supervalorização da formação docente e uma subestimação da história de vida de cada docente, e defendendo que o "laboratório" no qual o futuro professor deve iniciar sua formação seja o do mundo do trabalho, Miquel pede a Sonia que comente essas ideias. Propõe, ainda, que ela faça uma reflexão sobre a colaboração entre professores das universidades e das escolas como fator de mudança na cultura docente das instituições de formação de professores, além de solicitar que ela discorra sobre o comprometimento (ou não) de todos os agentes educacionais – da educação formal e não-formal –, no processo educativo brasileiro. Por fim, Miquel pede que Sonia comente outras questões, como o processo de avaliação, o trabalho em equipe na escola etc.

As questões apresentadas por Sonia ao seu interlocutor também enriquecem sobremaneira o debate. Partindo da premissa de que os objetivos educacionais são conquistados a longo prazo, Sonia pergunta a Miquel como, então, estabelecer indicadores de que se está trilhando o caminho certo, questionando-lhe sobre a pertinência (ou não) de se definir sequências de competências ou especificar comportamentos e atitudes a serem identificados no desenvolvimento de um determinado projeto. Interroga-o sobre a diferenciação entre ofício e profissão, bem como suas possíveis relações nos cursos superiores de formação de professores. Sugere a ele que apresente uma proposta para o desenvolvimento de uma identidade profissional no contexto de uma organização pública, a escola, na qual os professores possuem direitos assegurados legalmente e que não tem relação direta com os resultados do seu trabalho. Na sequência, pede a Miquel que sugira demandas a serem apresentadas ao governo, ao legislativo, aos sindicatos, aos docentes, para que a identidade de um profissional possa ser mais bem entendida, estimulada e vivida pelos professores. Por fim, retomando a afirmação de Manuel Castells (segundo a qual vivemos uma mudança de época e não uma época de mudanças),

Sonia solicita a Miquel que discorra sobre o sentido de mudança de época e as especificidades do ritmo de mudanças da vida cotidiana escolar no contexto dos países democráticos.

Na terceira e última parte do livro – Entre pontos e contrapontos –, na qualidade de coordenadora da obra e mediadora do diálogo, apresento quatro questões comuns para os dois autores. Meu intuito foi retomar alguns pontos já tratados por eles (com o objetivo de esclarecê-los), mas também lançar novas questões a eles e fazer que analisassem problemáticas recorrentes do sistema educacional brasileiro. Para tanto, no âmbito do trabalho docente, eu lhes sugeri que comentassem sobre a tensão existente entre a regularidade (o que pertence ao cotidiano, ao dia-a-dia da escola) e a incerteza no trabalho docente; que refletissem sobre o possível adoecimento físico e mental dos professores brasileiros, o distanciamento que enfrentamos entre a escola e as instituições externas a elas (em especial a família); e que promovessem uma reflexão sobre os objetivos da educação, centrando-se em três formas de aprendizagem – formação intelectual sobre conhecimentos acadêmicos, aprendizagem prática baseada em habilidades e aprendizagem de padrões éticos, papéis sociais e responsabilidade funcional.

O diálogo e as reflexões estabelecidos ao longo das páginas deste livro são fruto de uma longa trajetória acadêmico-científica de seus autores e, acima de tudo, de sua reconhecida e respeitável experiência docente. Sonia e Miquel são profissionais dispostos a refletir permanentemente sobre sua prática escolar e educacional e, com isso, reúnem as condições para apontar caminhos que levem a uma melhoria do trabalho dos professores de todos os níveis de ensino.

VALÉRIA AMORIM ARANTES (ORG.)

Concluindo, por que o texto de Paulo Freire foi usado como epígrafe desta apresentação? Ele sinaliza quão importante é, para o êxito do processo educativo, a disposição do educador para se formar, permanentemente, na prática e na reflexão sobre essa prática. Eis o paradigma do professor-pesquisador, que reflete e pesquisa sobre a sua prática. Afinal, a experiência só se transforma em conhecimento se suas práticas são sistematicamente analisadas. Espero que este livro, elaborado com as reflexões e práticas profissionais de Sonia Penin e Miquel Martínez, contribua para a construção de novas formas de trabalho docente e para a melhoria da educação brasileira.

PARTE I
Profissão docente

Sonia Penin
Miquel Martínez

Profissão docente e contemporaneidade

Sonia Penin

Nenhuma profissão tem sido tão questionada no país quanto a docente, sobretudo quando se enfoca a educação básica. Os resultados educacionais aferidos por diferentes sistemas avaliativos nesse nível de ensino têm indicado insuficiente aprendizagem por parte dos alunos, e os professores e seu preparo profissional têm sido colocados em cheque, mais do que qualquer outro fator. Por que isso ocorre? Uma análise dessa situação na atualidade, assim como a identificação de caminhos promissores de superação no futuro, deve considerar igualmente a sua história, que inclui tanto o contexto socioeconômico-cultural de cada país quanto aspectos culturais de ordem geral que caracterizam as mudanças globais de uma época.

Neste texto tratarei, inicialmente, de alguns aspectos históricos da atividade de ensino e a profissão docente; depois, discorrerei a respeito da profissionalidade e sua relação com a trajetória de formação, inicial e continuada, examinando a maneira como os professores desenvolvem a experiência de satisfação/insatisfação no trabalho; e terminarei propondo maneiras de incrementar a profissionalidade com base em uma melhor compreensão do vivido e do concebido do docente.

Um pouco de história

A profissão docente nasce e se desenvolve paralelamente ao crescimento da atividade de ensino e em sintonia com as características culturais de países específicos. Nesse sentido, profissão docente, democratização do conhecimento e a organização de conhecimentos sistematizados num currículo escolar para crianças e jovens são questões que se entrecruzam historicamente.

Ainda que a atividade de ensino seja tão antiga quanto a humanidade, é possível identificar o início da profissão docente há pouco mais de 300 anos, no século XVIII, num contexto sociopolítico bem específico: desenvolvimento da urbanização, fortalecimento das cidades, o questionamento da aristocracia, o aparecimento da burguesia revolucionária e suas lutas por democratização, nas quais teve um papel de destaque o clamor por um ensino sistematizado das primeiras letras para toda a população.

Mais forte na Europa e nos Estados Unidos, o movimento de democratização da escolaridade básica logo se expandiu, mas de modo e ritmo diversos nos diferentes países do mundo ocidental. Na Europa, até o século XVIII somente 2% das pessoas sabiam ler e escrever. A partir daí se iniciou um período de modificação acelerada; os países do norte tomaram a dianteira em relação aos ibéricos, de modo que a universalização do atendimento escolar das primeiras letras às crianças que quase se completou (90%) no final do século XIX nos países do norte só ocorreria nos ibéricos na primeira metade do século XX. Na América Latina, o peso da tradição ibérica pode ser parte da explicação do fato de um grande número de países atravessar o século XX sem alcançar a universalização da educação básica, com algumas exceções, como a Argentina.

No caso brasileiro, desde o tempo de colônia, passando pelo Império, continuando na República e chegando aos anos 20/30 do século XX, a educação foi mantida como um privilégio de muito poucos. Desde os jesuítas, nossos primeiros educadores, houve grande improviso na educação, com oferta de ensino reservada sobretudo às elites de cada época. As escolas, quando existiam, sobreviviam por iniciativas isoladas, muitas nas casas das professoras. As exceções ocorriam em alguns centros urbanos. No tocante à legislação, todavia, a preocupação com a democratização do ensino aparece já na Constituição Imperial, de 1812, provavelmente influenciada pela repercussão da Revolução Francesa e da Independência americana, estabelecendo a instrução primária gratuita a todos os cidadãos.

Na Constituição de 1934 fica estabelecida, além da gratuidade, também a obrigatoriedade. Todavia, nos anos 30, apenas 60% das crianças brasileiras estavam matriculadas na escola primária de duração de quatro anos. Somente nos anos 40, com a instituição

VALÉRIA AMORIM ARANTES (ORG.)

dos sistemas estaduais de ensino, é que se inicia a organização do atendimento à população, começando, pouco a pouco, a escola primária a se abrir para além das elites. É também a partir dessa época que o país começa a se incomodar com seu atraso: poucos alunos na escola e muita repetência.

No início dos anos 80, a maioria da população brasileira não conseguia concluir o ensino fundamental obrigatório de oito anos e apenas 10% dos alunos matriculados no sistema escolar estavam no ensino médio. No início dos anos 90, embora a maioria das crianças permanecesse na escola por dez anos, a escolaridade média era de 3,5 anos. Apenas no final do século (1999) é que se alcançou o índice de 97% das crianças de 7 a 14 anos matriculadas no ensino fundamental de oito anos. Contudo, a repetência e o atraso escolar têm caminhado mais lentamente, e ainda representam um problema.

Um avanço ocorreu nos últimos dez anos (de 1997 a 2007), nos quais, segundo dados do IBGE, a taxa média de conclusão na 4ª série do ensino fundamental chegou a 89%, ainda que na 8ª série ela fosse de 54%. Em 2006, a média para terminar a 4ª série foi de cinco anos, e a 8ª série, de dez anos. Ganhos consecutivos vêm sendo obtidos, mas ainda são necessárias políticas públicas mais incisivas para se alcançar os parâmetros desejáveis para um país socialmente justo.

Paralelamente ao movimento de democratização do atendimento escolar às crianças, a afirmação da profissão docente foi se desenvolvendo no mundo ocidental. A emergência do professor como sujeito do ensino foi um dos marcos da própria epistemologização da área da pedagogia, assim como também se constituíram marcos a definição de um lugar específico para que o ensino fosse ministrado – a escola – e as atividades examinatórias. Todos esses marcos se organizaram ao redor do primeiro dos paradigmas do ensino, o método, definido no século XVII por Comênio[1]. A história da pedagogia mostra como todos esses componentes, além dos saberes e práticas existentes desde a antiguidade, integram diferentes *curricula* para a formação do homem ideal (*vir bonus*) a partir da infância.

A articulação de todos esses componentes e saberes permitiu tanto uma mais ampla sistematização da área pedagógica quanto a organização de aparatos e de sistemas formais de educação das crianças e dos adolescentes que, apesar das diferenças que são identificadas ao longo da história nos diversos países e tipos de instituição, conservaram uma lógica identificável de organização e de procedimentos.

Apesar da longa história da docência e do aparecimento do professor como sujeito do ensino, a sua profissionalização ocorre bem depois da de outras áreas. No Brasil, os primeiros cursos de formação de professores para o ensino primário se estabeleceram em algumas capitais a partir de 1835, em nível secundário, com duração máxima de dois anos.

Apenas no início do século XX essa formação ampliou-se para cidades do interior dos principais estados, sempre em nível secundário até a LDB de 1996, que propugna a formação em nível superior. Já a formação de professores para o ensino secundário ocorreria somente na década de 30 do século XX, no Rio de Janeiro (Instituto de Educação do Distrito Federal) e em São Paulo (Instituto de Educação, que se funde com a

---

[1]. Cf. a esse propósito Penin, S. T. S., 1996.

USP)[2]. Esse atraso pode em parte ser explicado pelo fato de que, apesar da criação do Colégio Pedro II no Rio de Janeiro, em 1837 – que deveria servir de padrão a outros –, a instrução secundária ao longo do tempo só ocorria por meio de aulas avulsas e particulares.

Até o início dos anos 70 do século XX, a maioria dos professores era formada em instituições públicas – e, em menor número, pelas confessionais – e em algumas particulares, fosse nos cursos de magistério para o ensino nas séries iniciais, fosse nos cursos de ensino superior para as séries a partir da 5ª. Nesse período, os professores da educação básica, que atendiam principalmente alunos dos segmentos da população mais rica ou menos desfavorecida economicamente, não tinham a sua competência questionada, havendo mesmo uma expressiva valorização social da profissão. As críticas aos professores desse nível de ensino ocorriam de maneira pontual, enfocadas sobre aspectos idiossincráticos de alguns, e não atingiam a profissão ou a profissionalidade.

Representações sociais questionadoras do trabalho do professor e da escola básica e, posteriormente, do professor e mesmo da profissão no Brasil começaram a aparecer a partir dos anos 80, afirmando-se nos 90 e nesses primeiros anos do novo milênio.

Tais questionamentos ocorreram simultaneamente ao aparecimento e/ou fortalecimento de três movimentos. *Primeiro*, chamado de democratização da escola básica, representando o avanço desejável e necessário do processo de ampliação do

---

2. Cf. Penin, S. T. S., 2001.

acesso da população mais pobre à educação básica. *Segundo*, como consequência do primeiro, o aumento da demanda por professores e a progressiva pauperização da profissão. *Terceiro*, a instituição dos sistemas nacional e estaduais de avaliação da aprendizagem dos alunos, evidenciando o que uma parte significativa da população parecia já perceber, ou seja, a baixa qualidade dessa aprendizagem e, consequentemente, do ensino e da própria escola.

Esses três movimentos relacionavam-se entre si e também com outros processos. O primeiro deles, *a democratização da escola*, trouxe para dentro dessa instituição, finalmente, toda a gama de diferenças existente na sociedade, mudando o perfil socioeconômico hegemônico do alunado da escola pública. A essa modificação acrescentaram-se as mudanças profundas que atingiram toda a civilização, promovidas sobretudo pela assim chamada revolução digital e da comunicação, enfatizando o papel do conhecimento e forçando a escola a rever a sua secular organização e seu funcionamento, incluindo o currículo, a avaliação e a metodologia de ensino. Paralelamente, nos centros urbanos mais populosos, as classes médias – parecendo identificar as dificuldades da escola básica pública de lidar com as mudanças que se processavam nela e na cultura, e/ou por algum tipo de discriminação não explícito de sua abertura às classes trabalhadoras – iniciaram um movimento de transferência de seus filhos dessas escolas públicas para as particulares, que se multiplicaram com rapidez.

O segundo movimento, relativo ao processo de *pauperização da profissão docente*, emerge das circunstâncias sociopolíticas presentes na ampliação do acesso ao conhecimento e à escolarização em todos os níveis. Isso porque, por um lado, o aumento de alunos nas escolas de educação básica, públicas e privadas, além de demandar mais professores, também impulsionou grande parte desses alunos a continuar seus estudos em nível superior. Por outro lado, no que diz respeito à formação de professores, modificações na legislação nacional no mesmo período estabeleceram que tal formação deveria progressivamente ocorrer em nível superior, para qualquer fase da escolarização básica. Tais fatos, aliados ainda à ausência de iniciativa política do Estado na criação dos necessários novos cursos em nível superior (incluindo os da modalidade tecnológica), possibilitaram a abertura de um número cada vez maior de instituições privadas, grande parte delas de baixa qualidade. Nos anos 90 e nos primeiros anos do milênio o número de estudantes matriculados no ensino superior passou de 1,5 milhão para cerca de 4 milhões, dos quais quase dois terços em instituições privadas. Parte significativa deles em cursos de formação de professores, incluindo a pedagogia.

De modo geral, apesar da qualidade questionada em muitos casos, o aumento de instituições formadoras de natureza privada, realizando processos seletivos de admissão bem mais facilitados do que aqueles que ocorrem nas instituições superiores públicas, contribuiu para a ampliação do acesso da população ao ensino superior. No caso dos professores, a disponibilização facilitada de cursos em nível superior contribuiu para o acesso à profissão docente de estudantes provenientes não somente das classes médias, como acontecia prioritariamente em décadas anteriores, mas das diferentes camadas da classe trabalhadora. É possível levantar a hipótese de que esse deslocamento da classe social prioritária entre os professores tenha contribuído para o aparecimento de representações sociais de desvalorização da profissão, mas parece ser mais plausível encaminhar uma explicação com base na baixa remuneração oferecida aos professores das diferentes redes de ensino público *vis-à-vis* outras profissões, fazendo emergir o fenômeno denominado "pauperização" da profissão.

O terceiro movimento que colaborou para o questionamento do trabalho do professor relaciona-se com a *implementação dos sistemas de avaliação externos* da aprendizagem dos alunos em todos os níveis de ensino, instituídos na legislação brasileira desde a Carta Constitucional de 1988, mas iniciados na década de 1990. No final dos anos 90, com a implantação da nova LDB, instituída em 1996, e os resultados provenientes dos sistemas de avaliação do ensino, tais cobranças tornaram-se mais veementes, acirradas recentemente com os *rankings* internacionais. A partir desse período, professores e instâncias governamentais começaram a ser cobrados pelo que socialmente ficou reconhecido como um rebaixamento da qualidade da educação básica, sobretudo a oferecida na rede pública, pelo elevado número de alunos que esta acolhe.

Independentemente da necessária crítica tanto aos sistemas de avaliação quanto à maneira como ocorrem muitas das comparações atualmente divulgadas, principalmente pela mídia, a instituição dos sistemas externos de avaliação representa um caminho promissor para análises mais apuradas da educação brasileira, e pode reorientar práticas e políticas públicas mais consistentes. Por um lado, no âmbito interno, possibilita a utilização da avaliação como instrumento de ação formativa,

VALÉRIA AMORIM ARANTES (ORG.)

levando as instituições e os professores a refletirem a respeito de suas práticas e de seus objetivos e, assim, a melhorar sua ação docente e sua identidade profissional. Por outro, em âmbito externo, oferece informações para que tanto os pais quanto a sociedade, especialmente os sistemas de ensino, possam efetivar um relacionamento produtivo com a instituição escolar. Apurar os usos da avaliação, comparar resultados e comportamento de entrada dos alunos em cada situação e contexto social e institucional é da maior importância para não homogeneizar processos que são de fato diferentes.

O foco deste texto não repousa numa análise a respeito da qualidade da educação básica, nem dos sistemas de avaliação, mas no peso dos resultados dessa avaliação sobre a qualidade da educação, sobretudo as representações sociais questionadoras da profissão docente, do professor e da sua profissionalidade.

Profissionalidade, formação inicial e continuada

Quando escolhe uma profissão ou é levada a entrar nela, a pessoa também define um modo de vida. Ela começa a pertencer a um grupo de indivíduos que, conforme o seu grau de identificação, pode lhe trazer benefícios ao atender a uma das necessidades humanas básicas, a de pertencimento, conforme a teoria de Abraham Maslow.

A vivência de uma profissão, de uma instituição e principalmente de um cotidiano com um grupo de pares e outras pessoas que o constituem (no caso do professor, uma escola, os alunos e seus pais, os servidores, a comunidade, os representantes e superiores da instituição etc.) em geral interfere de maneira vigorosa no desenvolvimento da própria identidade ou "identidade do eu"[3]. Nesse sentido é possível entender a palavra profissionalidade como a fusão dos termos profissão e personalidade.

A relação pessoa/profissão ocorre ao longo da vida produtiva, num processo contínuo, eivado, como é comum, de experiências tanto estimulantes como tensas e conflituosas. O termo profissionalização indica o processo de formação de um sujeito numa profissão, que se inicia com a formação inicial e atravessa todos os momentos de formação continuada. Impossível que esse processo se dê sem a transformação do próprio sujeito, que por sua vez dialoga com a transformação da realidade. Formação inicial e continuada são parte, portanto, de um mesmo processo de formação profissional[4].

---

3. É importante lembrar a diferença entre identidade do eu, identidade social e identidade pessoal. Segundo Goffman, identidade do eu ou experienciada refere-se aos sentimentos subjetivos da identidade; identidade social refere-se às categorias e aos atributos dessas categorias pelas quais identificamos um indivíduo; identidade pessoal refere-se às marcas positivas da identificação de um indivíduo mais os itens de sua história de vida. Conferir Goffman, 1975.

4. Vários autores há décadas concebem a formação como algo contínuo, assim como estudos a respeito da formação continuada de professores mostram a relação que fazem entre formação inicial e continuada, ainda que demonstrem dificuldades de compreensão entre experiências de formação e sua prática pedagógica. Cf. a esse respeito Barros, M. S. F., 2004.

A profissionalização e a construção da profissionalidade incluem os diferentes aspectos que envolvem uma profissão, assim como os diversos tipos de ação que o profissional realiza. Nesse sentido, compreender uma situação de trabalho é conhecer tanto as condições objetivas quanto as subjetivas nas quais o trabalho é realizado, e ainda as relações recíprocas entre ambas.

Condições objetivas são entendidas como os aspectos exteriores da profissão (salário, carreira, prescrições legais, condições concretas de trabalho em um local), e condições subjetivas como a vivência diária de um profissional no desempenho do trabalho, incluindo as angústias e alegrias nas relações sociais que estabelece – no caso do professor especialmente com os alunos. Desse modo, é possível categorizar as condições objetivas como determinantes extrínsecos ao trabalho, e as condições subjetivas como intrínsecos. Essa categorização é interessante de ser apreciada porque é recorrente nas afirmações de diferentes profissionais quando se manifestam a respeito do seu trabalho, sobretudo quando se referem aos sentimentos, atitudes ou motivações que mantêm em relação a ele[5].

Ao levarmos em conta essa categorização é importante lembrar, porém, as relações recíprocas ou a dialética que ocorre entre tais condições, que podem ser diferentes, dependendo da natureza de uma profissão ou da função que nela se exerce. Em estudo que realizei em 1978 a respeito da satisfação/insatisfação no trabalho com professores de doze escolas municipais

---

5. Sobre essas características e suas relações com a satisfação no trabalho, consultar Herzberg, F. *et al.*, 1959.

PROFISSÃO DOCENTE: PONTOS E CONTRAPONTOS

de 1ª a 4ª série da cidade de São Paulo, observou-se de fato uma tendência da maioria das professoras, quando solicitadas a identificar os fatores de satisfação/insatisfação no trabalho, a apontarem os intrínsecos como de satisfação (perceber o produto do próprio trabalho, trabalhar com gente – crianças) e os extrínsecos como de insatisfação (baixa remuneração, trabalho burocrático), ocorrendo também em pesquisas mais recentes[6].

Um aspecto de cunho intrínseco, entretanto, esteve presente, em algumas manifestações, nos dois tipos de fatores apontados naquela pesquisa, quais sejam "percepção do rendimento do aluno" e "classe que não corresponde". Tal fato pode significar que no caso da profissão docente, talvez diferentemente de outras profissões, o alcance do fim último da ação profissional – a aprendizagem dos alunos – representa um fator assaz forte de identificação do professor com seu trabalho. Ressalta, ainda, talvez mais do que em outras profissões, a estreita relação entre fatores extrínsecos e intrínsecos.

Comparando essa questão da forte identificação de professores com a aprendizagem dos alunos e os precários resultados de rendimento escolar, sobretudo daqueles que frequentam as escolas públicas, apresentados pelos diferentes sistemas de avaliação atualmente existentes e fartamente divulgados pela mídia, é possível supor que a sua profissionalidade esteja vivendo momentos de desequilíbrio.

Supõe-se que a busca da melhoria das condições de trabalho dos membros de uma profissão seja um bem e um fim

---

6. Penin, S. T. S., 1980 e 1985. Entre as pesquisas mais recentes, consultar Novaes, G. S., 2005.

em si mesmos, direito de um profissional e, mais ainda, direito inalienável de uma pessoa. Supõe-se também que ao melhorar a imagem e as condições objetivas da profissionalidade atua-se de forma positiva sobre a profissão e seu papel social. Por esses motivos, urgem propostas de melhoria tanto das condições objetivas quanto das subjetivas da profissão docente.

No tocante aos fatores de insatisfação, há que se considerar que parcela significativa deles é de origem pública, e existe independentemente da situação vivida pelo professor. Tais fatores não têm origem na escola e não podem ser resolvidos nesse âmbito, demandando ações notadamente de caráter político, propostas em geral por associações de classe e partidos políticos[7].

Por outro lado, no que diz respeito aos fatores que produzem satisfação e que não têm sido, aparentemente, como mostram os dados, muito auferidos pelo professor, por exemplo, "perceber a aprendizagem dos alunos", entende-se que possam ser trabalhados pelo próprio docente por meio de ações que tenham como referência o ensino e o cotidiano escolar. Embora tais ações possam ocorrer em diferentes locais, a escola apresenta-se como o espaço estratégico e profícuo do desen-

---

7. Ainda que tais fatores não sejam objeto deste texto, impõe-se afirmar a respeito de um que está, no meu entender, na base de todos os demais: o investimento em educação. Neste momento, constatamos, perplexos, a queda da participação da educação no PIB, que segundo a OCDE é de 3,8%, quando não se teve notícia até hoje de uma queda abaixo de 4% e quando as análises realizadas por diferentes grupos e a proposta inscrita no Plano Nacional de Educação é de 7%, gradativamente, até 2010.

PROFISSÃO DOCENTE: PONTOS E CONTRAPONTOS

volvimento da formação continuada. Enquanto grande parte dos potenciais fatores objetivos de insatisfação no trabalho demanda tempos mais extensos e estratégia política de encaminhamento, uma parte significativa dos fatores potenciais de satisfação pode ser desenvolvida no interior das escolas. Há que se abrir o cotidiano escolar a diferentes experiências, estimuladas pelos dirigentes de redes de ensino, das escolas, em parceria com as instituições formadoras e outros interlocutores desejados e aprovados pela comunidade local. Nesse contexto, o uso de mais autonomia, já garantida em lei às escolas, é fundamental.

Formação continuada, portanto, constitui-se em espaço estratégico para ações que podem responder tanto à necessidade do professor de alcançar satisfação no trabalho quanto às necessidades sociais de cumprir com o direito dos alunos de bem aprenderem na escola.

Tendo em vista as relações recíprocas entre os fatores extrínsecos e intrínsecos ao trabalho, resulta que as ações que melhorem os primeiros repercutem nos segundos e vice-versa. Promover a profissionalização e a profissionalidade do professor ou buscar melhorias na educação escolar dos alunos pressupõe ações nessas duas direções. Igualmente, mudanças só podem ocorrer por parte dos profissionais em articulação com os dirigentes próximos (gestores escolares) e distantes (secretários de educação), definidores estratégicos de políticas públicas para a educação. Ações políticas e cotidianas se completam para atender aos seus específicos objetivos. Mudanças políticas em geral aparecem com maior impacto na história e costumam se refletir no cotidiano das escolas; igualmente, porém, ações cotidianas são muitas vezes o germe de

29

mudanças políticas futuras[8]. Há que se confiar mais na força do cotidiano e experimentá-la. Tais experiências, abrigadas em lei, podem ser multiplicadas utilizando-se a formação continuada no local de trabalho, com interlocutores – das universidades e outros espaços formativos – que as incentivem e as acompanhem.

É possível que essa tensão entre fatores de satisfação e de insatisfação na carreira docente, e sobretudo as satisfações que ainda muitos professores obtêm em sua relação com os alunos, tenha equilibrado os parcos ganhos objetivos que têm recebido, tendo em vista a desvalorização da profissão *vis-à-vis* outras de requisitos semelhantes de formação. Afinal, grande parte dos fatores de insatisfação, como registrado, é de origem pública e existe independentemente da situação concreta do professor; dessa forma, demanda ações de caráter público e não local. Por outro lado, os fatores de satisfação que não estão sendo obtidos podem ser, mais propriamente, buscados no cotidiano escolar, representando um espaço estratégico nas ações de formação continuada.

Definir o cotidiano como espaço preferencial de formação continuada reveste-se ainda de maior importância pelo fato de que hoje, mais do que em outro período, em grande parte das escolas brasileiras se acrescem novas dificuldades na relação pro-

---

8. Uma das pesquisas que realizei, em 1980, numa escola da periferia da cidade de São Paulo, identificou a ação inovadora de seus profissionais, que, incomodados com os índices recorrentemente muito altos de repetência dos alunos da 1ª série, resolveram estender o tempo letivo das turmas dessa série, antecedendo a medida que em 1984 veio a ser adotada na rede de ensino como ciclo básico, antecessor das experiências de ciclos e progressão continuada que posteriormente se difundiram.

fessor/aluno. De fato, se a ampliação do acesso de todas as crianças ao ensino fundamental, a partir dos anos 80, tornou difícil para o professor lidar com a diversidade socioeconômico-cultural – o que ainda não foi resolvido de modo adequado –, hoje se acrescem as dificuldades de lidar com questões locais relativas à violência e às drogas e também as demandas da revolução comunicacional-digital própria da contemporaneidade. Identificar essas diferentes situações e refletir a respeito delas com os professores em suas escolas é uma necessidade, visto que não compreender as possíveis razões desses fenômenos no mundo contemporâneo pode levá-los ao desequilíbrio e ao desencanto com a profissão.

Profissionalidade na vivência das culturas e dos saberes

Nos processos de formação profissional e da profissionalidade uma pessoa percorre o espaço da condição humana, experimentando contemporaneidade e uma cultura ampla e hegemônica, mas entrecruzada por culturas específicas, desde a profissional e institucional até a regional e a local. Esses diferentes espaços culturais são eivados seja de conhecimentos sistematizados e rigorosos, seja de saberes sutis e fortuitos.

A cultura profissional da área do ensino contém conhecimentos sistematizados que estão presentes na formação inicial e são reiterados nos diferentes momentos de formação continuada. Tais conhecimentos são provenientes tanto da área de conhecimento chamada pedagogia quanto das áreas científicas ou humanísticas que dão origem às disciplinas do currículo escolar nas quais um profissional se forma. Além desses conhecimentos sistematizados, outros saberes completam o processo de profissionalização, provenientes dos grupos a que um professor pertença (políticos, de nível e de modalidade de ensino, de tipo de instituição etc.). Esses saberes e conhecimentos, designados, conforme Henri Lefebvre, de *concebidos*, compõem significativa parte da compreensão do professor numa dada situação, orientando a sua ação profissional e educativa. Todavia, a compreensão do professor também é influenciada pelo *vivido*, ou seja, pelo que ocorre na vivência de uma situação ou de um acontecimento.

Se no transcorrer de sua formação continuada um professor bem aprendeu o sentido e os limites do saber, e mesmo do conhecimento sistematizado, saberá que eles terão de ser postos em xeque e revistos a cada novo momento, dado que os conceitos e teorias formulados por investigadores foram criados com base na análise de um momento do real, que está em constante devir. Conceitos nascem, têm seu tempo de validade e morrem ou se tornam simulacros, ludibriadores na compreensão e análise do real. Os parâmetros de uma investigação rigorosa pressupõem a sagacidade, a olhada radical, histórica e de conjunto sobre o fenômeno que se quer estudar, mas também a sensibilidade, possibilitando a compreensão mais viva e fiel do que se passa em cada acontecimento.

Fenômenos relacionados com a situação educativa ou o ensino são da ordem dos acontecimentos. Uma aula, por exemplo, é um acontecimento de comunicação, que trata da fala, do gesto, de enunciados e da aprendizagem; assim, o alcance de seus objetivos educacionais depende não só do domínio do professor a respeito dos temas trabalhados, mas também do sentido que dá ao acontecimento que vive e partilha com diferentes participantes.

Buscar compreender os acontecimentos educativos é uma necessidade que demanda enfrentar explicações e conceitos bem estabelecidos nas teorias educacionais. Estar aberto à compreensão da vivência e disponibilizar ao máximo a sensibilidade são atitudes que não prescindem, todavia, da razão. Nesse sentido, buscar compreender as principais características da cultura presente nas manifestações dos sujeitos que vivem o cotidiano escolar e trabalhar produtivamente sobre elas, ainda que de maneira experimental, são exercícios que devem fazer parte da formação do professor.

Considerar a vivência significa imergir e buscar identificar, conhecer e compreender o significado e o sentido dos acontecimentos escolares. Pressupõe conhecer as pessoas envolvidas e também o significado e o sentido que elas dão aos acontecimentos vivenciados.

As pesquisas que tratam do cotidiano escolar têm indicado que, apesar da percepção da força do vivido em vários casos, a maior parte dos dados mostra dificuldades dos profissionais de considerar mais propriamente a realidade vivida. É isso que se insinua quando o professor, por exemplo, tem dificuldade de adequar o currículo formal ao nível de compreensão do aluno ou a condições de vida e tempo de estudo. Muitos professores hesitam em assumir a sua escola como seu local de trabalho, e se apresentam melhor como professores de determinada rede de ensino. Sinais desse tipo têm se acumulado em pesquisas a respeito do cotidiano escolar e sugerem a importância de enfatizar e enraizar a formação continuada no local de trabalho.

VALÉRIA AMORIM ARANTES (ORG.)

De que forma o reconhecimento do vivido como fonte importante da compreensão de dada realidade e de um acontecimento pode ajudar o professor?

Primeiro, para abrir-se a essa compreensão; segundo, para afirmar-se como um sujeito de conhecimento; terceiro, para manifestar-se como sujeito de ação e definir os caminhos de um acontecimento. Ainda que políticas, estruturas e conjunturas e certas condições interfiram, aquele que vive uma determinada situação é um protagonista fundamental para influenciar as relações, os processos e os resultados que serão obtidos nesse lugar e nesse acontecimento. Ser sujeito pleno. Assumida essa condição e partilhada com os participantes de um cotidiano e de subsequentes acontecimentos, objetivos podem ser mais bem definidos e metas poderão ser alcançadas.

Esse movimento poderá ajudar o professor a ir além de constatações reiterativas e paralisantes do tipo: os alunos não se interessam ou não se esforçam para aprender; os pais não ajudam; a indisciplina impede o ensino. Ir além não significa lamentar e desistir de tentar, mas constatar e buscar soluções. Depois que uma realidade é aceita como existente, há que buscar mudá-la. Nesse sentido, Azanha afirma que crise não é constatar a situação dos alunos ou de seus pais, mas sim a escola não mudar enquanto toda a sociedade e cultura mudam[9].

A formação de um docente começa, pois, no momento em que junto com uma comunidade busca equacionar uma dada realidade; continua com a proposição de medidas locais de enfrentamento; termina com o acompanhamento e a avaliação dos

---

9. Azanha, José Mário Pires, 2006.

PROFISSÃO DOCENTE: PONTOS E CONTRAPONTOS

resultados, e assim sucessivamente. Nesse movimento a escola sofrerá, ela mesma, modificações na organização. Somente uma nova escola pode enfrentar as mudanças da contemporaneidade na vida das pessoas e de um local. Mas é preciso experimentar. E essa experimentação não é a de um sistema ou uma rede de ensino, apenas, mas a de uma escola, que certamente será diferente de outra em outro lugar.

Se os desafios da sociedade e da cultura contemporâneas devem ser enfrentados localmente, em cada escola, igualmente se passa com a formação de professores. Nesse sentido, propostas de formação continuada precisam ser definidas na escola, com base em seu específico diagnóstico. Diferentemente de outras profissões, a docência só é possível no quadro institucional da escola. Para tal, como também afirmam Tardif e Lessard, o importante é evitar o parcelamento da análise do ensino e avaliar o trabalho escolar como um sistema de práticas coletivas e um processo total de transformação das crianças em adultos instruídos, socializados, educados, cultivados etc.[10]

Conclusão

Várias suposições foram feitas neste texto: 1) que a formação inicial e a continuada constituem um processo único no caso da profissão docente; 2) que formação e autoformação são processos que se intercomunicam continuamente, contribuindo para a constituição da profissionalidade; 3) que ambos os

---

10. Tardif, Maurice e Lessard, Claude, 2005.

processos, influenciados pelas mudanças na sociedade e na cultura, não ocorrem sem tensões e conflitos, os quais é necessário trabalhar para se obter uma superação, conforme o movimento dialético do real.

Essas suposições, fortalecidas com resultados de inúmeras pesquisas que investigaram o cotidiano escolar, encaminham para algumas considerações. A primeira diz respeito à persistência da força do concebido sobre o vivido nas representações (incluindo discursos e práticas, conforme a concepção de representação aqui adotada) dos professores.

As crenças às quais os professores se apegam ao longo de sua formação parecem ser fortemente influenciadas tanto por determinados conhecimentos sistematizados quanto pela roupagem organizacional que comanda o funcionamento da escola ao longo de gerações. Ou seja, as mudanças na sociedade e na cultura contemporânea e, sobretudo, no perfil médio diferenciado dos alunos matriculados na escola básica não têm produzido, na maior parte dos professores, influência suficiente para fazê-los questionar a organização e o funcionamento escolar há tanto tempo estabelecido, ou mesmo propor ações educacionais específicas e mais radicais de melhoria do desempenho escolar dos alunos.

Ainda que os professores tenham tido acesso a textos educacionais – e mesmo legais – contemporâneos que enfatizam a importância de considerar no ensino a vida social e o cotidiano dos alunos, e ainda que grande parte deles esteja de fato comprometida na aprendizagem dos estudantes, é possível que tenham reais dificuldades de propor uma outra escola, questionando crenças tão arraigadas. Essas permanecem mesmo quando têm notícia

PROFISSÃO DOCENTE: PONTOS E CONTRAPONTOS

de algumas escolas que, trilhando um novo paradigma de organização e de funcionamento ou de procedimentos pedagógicos, obtiveram resultados escolares positivos.

Uma questão que tem dificultado a reflexão mais exaustiva sobre a escola é a rotatividade dos professores que ocorre em grande parte das grandes redes de ensino público. A formação continuada numa determinada escola demanda um diagnóstico, a formulação de um projeto, a definição de compromissos e a partilha das dificuldades da sua implantação. Para que todas essas fases aconteçam um professor precisa viver o cotidiano, permanecer nele por um bom período. A rotatividade excessiva impossibilita-o dessa vivência.

Numa pesquisa que realizei em 1990, voltei à mesma escola que havia investigado em 1980, à qual já me referi neste texto. Constatei que após dez anos nenhum dos antigos professores permanecia na escola; os novos que lá estavam não conheciam fatos importantes ocorridos na história da instituição, como a já relatada prática inovadora exercida pelos profissionais da escola em 1980. O desalentador é que, não registrada em nível local e nem contada oralmente por seus criadores aos que os sucederam na escola, o inusitado e o belo da criação provavelmente não foi objeto de posse nem dos próprios criadores, nem da instituição. Uma escola desmemoriada![11] O interessante e alentador dessa história é que, como confirmado posteriormente com técnicos da Secretaria de Educação, foi a experiência inovadora dessa escola em 1980 – que também

---

11. Essas questões estão descritas e desenvolvidas em Penin, S. T. S., 1994, especialmente no capítulo 2.

VALÉRIA AMORIM ARANTES (ORG.)

ocorreu de forma similar em algumas outras escolas – que estimulou os dirigentes dessa Secretaria a implantar o ciclo básico[12]. Isso mostra que, mesmo sem a posse de seus realizadores, ações inovadoras fazem história. Todavia, se assumidas por seus criadores, ações desse teor certamente contribuiriam para a satisfação dos professores e para a construção positiva de sua profissionalidade. Contribuiriam, ainda, para a melhoria da construção da identidade da própria escola.

Tal situação exemplifica as consequências nefastas da alta rotatividade dos professores, que pode levar uma escola a perder toda uma equipe de profissionais em pouco tempo, inviabilizando seja o desenrolar adequado de experiências inovadoras, seja a avaliação de qualquer projeto pedagógico. Essa questão tem se apresentado ao longo dos anos como um fator objetivo da má qualidade do ensino nas escolas públicas; todavia, precisa ser considerada uma questão pública e não circunstancial.

Com esse caráter, há que se buscar políticas de valorização da carreira que equilibrem direitos de professores, sem prejudicar o direito constitucional dos alunos por uma educação de qualidade. Discutidas pelos diferentes interessados, tais políticas poderão não apenas melhorar os resultados de aprendizagem dos alunos mas também contribuir com a constituição da profissionalidade em consonância com as demandas da escola e da cultura contemporâneas.

---

12. Vale lembrar que o idealizador dessa ideia na Secretaria de Educação foi o professor José Mário Pires Azanha, então chefe de gabinete na gestão do professor Paulo de Tarso Santos.

Referências bibliográficas

AZANHA, JOSÉ MÁRIO PIRES. *A formação do professor e outros escritos.* São Paulo: Editora Senac, 2006.

BARROS, M. S. F. *Formação continuada e prática pedagógica: um estudo das representações de professores da educação infantil e séries iniciais do ensino fundamental do município de Maringá-PR.* Tese (doutorado) – Faculdade de Educação da Universidade de São Paulo, São Paulo, 2004.

GOFFMAN, E. *Estigma.* 2. ed. Rio de Janeiro: Zahar, 1976.

HERZBERG, F. *et al. The motivation to work.* Nova York: John Willey & Sons, 1959.

LEFEBVRE, H. *Critique de la vie quotidienne III – De la modernité au modernisme (pour une metaphilosophie du quotidian).* Paris: L'Arche Éditeur, 1961.

NOVAES, GERCINA S. *A participação excludente na escola pública: um estudo das representações de educadoras sobre aluno, escola e prática pedagógica.* Tese (doutorado) – Faculdade de Educação da Universidade de São Paulo, São Paulo, 2005.

PENIN, SONIA T. S. *A satisfação/insatisfação do professor no trabalho.* Dissertação (mestrado) – Departamento de Educação da Pontifícia Universidade Católica de São Paulo, São Paulo, 1980.

_____. *A questão pública da satisfação/insatisfação do professor no trabalho.* In: *Revista da Faculdade de Educação,* v. 11, n. 1/2. São Paulo: USP, Faculdade de Educação, 1985.

VALÉRIA AMORIM ARANTES (ORG.)

———. *Cotidiano e escola: a obra em construção*. São Paulo: Cortez, 1984.

———. *A aula: espaço de conhecimento, lugar de cultura*. Campinas: Papirus, 1994.

———. *O ensino como acontecimento*. In: *Cadernos de Pesquisa*. São Paulo: Fundação Carlos Chagas, n. 98, agosto de 1996.

———. *A formação de professores e a responsabilidade das universidades*. In: *Revista de Estudos Avançados*, n. 42. São Paulo: USP-IEA, maio/ago., 2001.

TARDIFF, Maurice; LESSARD, Claude. *O trabalho docente – Elementos para uma teoria da docência como profissão de interações humanas*. Petrópolis: Vozes, 2005.

O trabalho docente e os desafios da educação

Miquel Martínez

Visando avançar na criação do pensamento sobre a escola e a educação, eu diria que, na sociedade em que vivemos, não basta simplesmente atualizar nossos conhecimentos como profissionais; do meu ponto de vista, devemos ser capazes de direcionar o olhar para o que temos pela frente – os desafios da educação.

Não se trata, portanto, de simples cursos de atualização e formação didática de professores, mas de uma autêntica reestruturação ou reorganização das condições nas quais abordamos nossa tarefa pedagógica.

É verdade que diversas escolas e muitos professores e professoras há bastante tempo fazem essa reestruturação ou reorganização diariamente. Por isso, não é adequado generalizar – em nosso campo menos ainda. Nesse sentido, minhas reflexões pretendem ser propostas que cada leitor saberá como alcançar e em que medida deverá avançar mais ou menos, porque, volto a insistir, a realidade das escolas é melhor que a imagem social e midiática que se oferece delas.

Partindo desse reconhecimento da tarefa executada pelos professores, a primeira ideia demonstra que, na realidade, diante dos novos desafios, o fundamental não é melhorar tecnicamente a nossa prática, mas modificar, talvez qualitativamente, algumas práticas. Gostaria de terminar essa primeira reflexão dizendo que as condições em que os professores de hoje desenvolvem seu trabalho poderiam ser melhores. Não me refiro às condições econômicas e de trabalho, mas ao bem-estar dos profissionais ao desenvolver sua tarefa.

Hoje, até os bons professores não desfrutam do bem-estar a que fazem jus para poder realizar bem seu trabalho; não é um bem-estar econômico nem material, mas uma satisfação, um reconhecimento pela tarefa que desenvolvem, e eu diria até que de cumplicidade com os outros companheiros de instituição. Falta cultura colaborativa e cultura de equipe, mas o mundo atual não pode ser abordado com tal simplicidade nem com individualidade, porque não seríamos capazes de dar respostas eficazes a uma realidade que é complexa e tem várias faces, como muitos de vocês conhecem pela própria prática.

Vou tentar refletir sobre as mudanças que, do meu ponto de vista, devem ser mais qualitativas, e também sobre o modo de obter melhores condições de bem-estar. Insisto novamente que não me refiro a condições econômicas nem de trabalho, mas a essas outras condições que possibilitam ou não vivenciar o trabalho com ilusão e podem tornar ou não atraente a profissão docente.

PROFISSÃO DOCENTE: PONTOS E CONTRAPONTOS

Sociedade, docentes e família

Estamos em um momento social de transformações, às quais Manuel Castells se referiu afirmando que não estamos em uma época de mudanças, mas em uma mudança de época. Tais transformações provocam mudanças qualitativas no modelo social e de convívio da nossa sociedade, que se transforma em uma sociedade diversificada, plural, consumista – em alguns países mais do que em outros. Mas definitivamente as tendências e atitudes são constantes porque o mundo está globalizado e tudo é imitação.

Somos uma sociedade pouco informada. E esse é um elemento que me parece importante destacar: a escola tem um papel central no aumento da densidade cultural da população. E esse é um objetivo importante, pois se não tivermos mais formação e informação do que temos nos dias de hoje, dificilmente seremos capazes de formar valores, de formar para a tomada de decisões de interesse coletivo. Somos uma sociedade que valoriza em excesso o instrumental, a utilidade das coisas que em geral não são consideradas valiosas por si mesmas; somos uma sociedade excessivamente individualista; uma sociedade que, além de tudo, é pouco esforçada.

O panorama pode ser um pouco triste se o analisarmos dessa forma. Obviamente, junto com essas afirmações, é conveniente lembrar também que há muitas pessoas que se esforçam, que se informam, que constroem, que transformam o mundo, enfim... tais explicações não são necessárias neste momento. Definitivamente, não quero ser pessimista, mas desejo dizer que devemos agir com atenção e naturalidade para perceber que a sociedade vigente está apresentando certa decadência em alguns setores e países do mundo. Isso é pedagogicamente relevante e deve ser registrado, pois, embora a escola não seja a única responsável, nós temos, sim, uma parcela importante de responsabilidade na formação das gerações mais jovens.

Nesta sociedade, os professores estão em situação de certa vulnerabilidade, conforme analisarei mais adiante. Penso que isso ocorre devido à contradição entre os objetivos que a escola defendia, no sentido mais clássico da sociedade industrial, e os objetivos que deveriam ser prioritários em uma sociedade da informação e da pluralidade como a de hoje.

Acredito que essa contradição não está resolvida para nós, já que em alguns momentos pensamos que, se baixarmos a guarda com relação a um modelo de escola mais enciclopédico, estaremos perdendo o rigor e a qualidade; em outros momentos, achamos que se não abordarmos novos desafios e novos problemas estaremos construindo uma escola que não se adapta à sociedade atual. Boa parte daqueles bons professores ou docentes questiona o sentido do seu trabalho escolhendo uma dessas duas posições, o que torna real a sensação de contradição – eu diria até de vulnerabilidade.

Insisto que não poderemos resolver esse assunto individualmente. Ele também não será resolvido por nenhuma lei, porque não se trata de um problema curricular, mas de maneiras de entender tanto o nosso trabalho como a nossa função como profissionais da educação. E acredito que esse tema deva ser pensado em equipe e no contexto de cada realidade e comunidade. Ao terminar o texto, proporei alguns modelos que considero importantes para obter essa forma de trabalho mais compartilhado.

Falarei agora sobre a família, ou seja, as famílias, porque, como todos reconhecemos, há diferentes tipos de família em uma sociedade pluralista como a nossa. Concordaremos ora com um tipo, ora com outro, mas tais famílias existem juntamente com seus filhos e filhas... Quando nos referimos à família, às vezes utilizamos uma dupla acepção. Por um lado, todos nós, profissionais da educação, confiamos – aliás, não só confiamos, mas acreditamos – na grande importância da família para a educação dos filhos. Mas, ao mesmo tempo, reconhecemos que nem sempre a família é o contexto ideal de educação e de formação que nós gostaríamos que fosse. Com frequência, a responsabilidade não é da própria família, mas recai sobre as condições de trabalho, econômicas, de injustiça, de discriminação e da exclusão dos próprios pais. Essas condições existem na realidade cotidiana; portanto, nem sempre a responsabilidade compete à família diretamente.

Em todo caso, acho que os filhos, independentemente da família em que nasceram, têm direito a uma boa educação. Portanto, a família será uma boa cúmplice, na medida em que colabore. Por outro lado, a família talvez deva ser uma destinatária essencial da educação, e precisamos refletir sobre isso mais que em outros momentos sociais. Não quero dizer que a tarefa de educar deva ser mais dos professores que da família, mas que a educação entendida ao longo da vida pode ser exercida por profissionais que atuam ou atuaram como professores ou por outros sujeitos.

Porém, não poderemos confiar sempre na colaboração da família. Isso deve ser levado em conta não para ser modificado, mas como algo que é parte integrante do cenário no qual trabalhamos.

Aqui se produz um fenômeno que no âmbito da educação muitos conhecem: durante anos houve certa continuidade educativa entre os diferentes contextos de desenvolvimento e de aprendizagem da infância e da adolescência. A continuidade educativa é um conceito usado pelos pesquisadores contextualistas, que dizem, *grosso modo*, que quando a pessoa cresce, é educada e aprende em contextos que mostram continuidade de expectativas, valores, atitudes e normas todo esse conteúdo é fixado muito mais fortemente; é algo óbvio. Se uma pessoa fala com os pais e estes respondem de forma semelhante ao que acontece na sala de aula, na TV ou na rua, essa pessoa acaba aprendendo que isso é a norma, a expectativa ou aquilo que, a princípio, deve tentar construir como ideal.

Pois bem, isso não é o que se passa no momento atual. Os contextos educativos são muito autônomos. Há o contexto da família, da escola, dos meios de comunicação. A privacidade da infância, desde os primeiros anos, é alta no mundo das famílias, porque há possibilidade de se estar desligado da família e conectado à rede desde bem cedo, e isso traz à tona outro sistema de valores e expectativas. Não esqueçamos que isso é o que está acontecendo. Não se trata de pesquisar se temos falhado ou se algo tem falhado...

Independentemente de quem falhe, essas continuidades educativas não estão acontecendo. Portanto, a tarefa de agentes como a escola, para conseguir que sua proposta pedagógica triunfe, é mais difícil, porque é necessário lutar mais que antes para vencer a descontinuidade educativa presente informalmente na sociedade em que vivemos.

Acho que devemos registrar o tema, pois, embora não consigamos resolver nada de modo concreto amanhã, talvez possamos ter consciência dele – e isso vale de fato a pena. Há determinados fatores que incidem sobre os atuais desafios educacionais que não

PROFISSÃO DOCENTE: PONTOS E CONTRAPONTOS

dependem apenas da função e do desenvolvimento da nossa tarefa, mas que também são explicados por outros fatores e dependem deles. Isso significa, em poucas palavras, que os desafios educacionais atuais não podem ser resolvidos apenas pela escola, mas devem ser abordados por meio de políticas públicas que atinjam as famílias, a infância, a mídia etc. É conveniente destacar a função dos meios de comunicação como difusores de estilos de vida e modelos de comportamento. Vale enfatizar o papel, por exemplo, de esportistas, artistas e líderes culturais e políticos, e até que ponto a mídia reproduz fortemente seus comportamentos e modos de entender o mundo.

São muitos os agentes que influenciam a nossa construção pessoal e a das gerações mais jovens. Vamos nos centrar na escola, mas é importante entender que a escola é um desses espaços de construção, mas não é o único. Com isso, não quero evitar responsabilidades profissionais, mas simplesmente dizer que estamos em um contexto muito mais complexo.

Os objetivos da educação hoje

Se tivéssemos de elencar de modo simplificado os objetivos que a educação deveria procurar hoje, acredito que poderíamos citar três deles. Com certeza poderíamos considerar quatro, cinco... mas vamos sintetizá-los em três:

1. A educação – e nós, como profissionais – deve contribuir para que nossos alunos e alunas sejam capazes de avançar e construir sua vida de forma sustentável.

A ideia de sustentabilidade pessoal – que, segundo Castilla Del Pino, é aquela que eu mesmo regulo –, tanto a privada quanto a pública e a íntima, é o objetivo principal da educação. Esse objetivo principal visa à capacidade de controlar a própria vida, o que, no contexto atual, é muito mais complexo e inclusive bem mais difícil de abordar que no passado, devido, em parte, às descontinuidades educativas às quais nos referimos. Além disso, tal abordagem requer uma formação pessoal que deve ser integral, não estritamente intelectual e não estritamente emocional. Requer rigor, densidade cultural e conhecimento da importância da educação da vontade... Sentimento, razão e vontade são três aspectos que devem estar presentes em qualquer proposta educacional.

Penso que a razão e a reflexão estiveram sempre presentes no modelo escolar. Já o mundo dos sentimentos nem sempre se encontra presente, na minha opinião, de maneira adequada, embora esteja mais presente agora que há dez anos. Prefiro "sentimentos" a "emoções", porque o educável são os sentimentos; as emoções são mais primárias. E em terceiro lugar fica o mundo da vontade, o qual ainda não abordamos de modo sério.

A escola deve abordar o mundo da vontade com a mesma intensidade com que abordou, alguns anos atrás, o mundo dos sentimentos, sem descuidar do mundo da razão e da racionalidade.

Essa sustentabilidade pessoal, no nível individual e comunitário, é um dos primeiros grandes objetivos.

2. O segundo é que a pessoa tenha critério próprio, que seja capaz de tomar decisões e de adotar uma postura diante de assuntos polêmicos.

PROFISSÃO DOCENTE: PONTOS E CONTRAPONTOS

O mundo, por ser mais complexo que antes, tem muitas controvérsias, situações complexas com alto nível de analfabetismo devido à falta de informação. Às vezes, não podemos conhecer bem as consequências das nossas decisões; portanto, são fundamentais as práticas ao longo dos anos na escola para tomar decisões e elaborar um critério próprio.

Podemos fazer isso trabalhando a história, a física, a química... não vou entrar em áreas curriculares nem em metodologias didáticas. Mas deveríamos prestar mais atenção – várias pessoas já estão mais atentas e agem de forma ativa e atuante, conforme eu disse no começo – no aluno que está em busca de pessoas capazes de levar uma vida sustentável, de ter critério próprio e, em terceiro lugar, de poder construir uma vida fundamentada em dois valores muito importantes do meu ponto de vista: a felicidade e a dignidade.

3. Temos de possibilitar às pessoas ser felizes neste mundo. Esse também é um objetivo da escola. A escola deve ser um lugar de esforço, de aprendizagem de convivência, de prazer, mas também um lugar para aprender a ser feliz.

Felicidade e dignidade ao mesmo tempo são, na minha opinião, os valores-guia que deveriam orientar todo projeto educativo. Nem todas as formas de conseguir felicidade são legítimas; nem todas as formas de entender o valor da liberdade e o seu desenvolvimento são legítimas – só aquelas que combinam com o valor da justiça e da equidade, só aquelas que tornam mais digna a vida de todas as pessoas.

Em torno desse terceiro bloco – felicidade e dignidade – podem ser articuladas todas as propostas almejadas pela educação em valores, com diferentes gradações: desde a posição mais *light* – que também não é tão simples –, que aposta em uma sociedade inclusiva na qual a dignidade seja garantida a todos, até as propostas que apostam em um modelo pedagógico e educativo mais definido em termos de valores e que, portanto, almejam uma sociedade inclusiva, mas com um perfil mais claro, tanto da ótica confessional, religiosa, como de outros pontos de vista.

Sustentabilidade pessoal, critério próprio e reconhecimento dos valores felicidade e dignidade como guias são os objetivos que, a meu ver, deveríamos destacar como principais em todo projeto educativo.

Como trabalhar para avançar nesses objetivos

Acho que há fundamentalmente três âmbitos nos quais temos de trabalhar com ênfase e profundidade: o mundo dos sentimentos – como dissemos antes, o mundo dos sentimentos de nossos alunos; o mundo da linguagem; e a capacidade de que nossos alunos construam valores ou, mais que isso, construam matrizes de valores, já que estes não se constroem, mas existem... Ou, no mínimo, existem como ideais, mas depois devemos ser capazes de reconhecê-los como tais e, sobretudo, de construir nossas próprias matrizes singulares de valores, porque aí existe, sim, uma diferença, e isso não é a defesa de nenhum tipo de relativismo.

O relativismo acontece quando não há valores suscetíveis de ser aceitos como tais por todos, ou tudo depende de cada sujeito individualmente. Sustentamos a ideia de que a variação

PROFISSÃO DOCENTE: PONTOS E CONTRAPONTOS

está em como cada pessoa constrói sua matriz de valores, qual é o valor primário que atua como guia e dota os outros de sentido real... E isso evolui ao longo da vida. Embora os valores sejam os mesmos, nossa matriz de valores não é a mesma na adolescência, quando passamos a uma etapa do mundo do trabalho, quando vivemos no mundo familiar etc. São diferentes momentos. É preciso praticar e, portanto, trabalhar para construir matrizes singulares de valores.

O mundo dos sentimentos

Não me estenderei em cada um desses pontos; destacarei minha percepção somente sobre alguns aspectos, pois há sistemas educativos e culturas escolares em que o mundo dos sentimentos, o sentido de pertencer à comunidade etc. está muito presente na escola, e, portanto, não é necessário insistir nisso.

Mas em muitos lugares – na Europa, por exemplo – a cultura e o mundo dos sentimentos de nossos alunos nem sempre são suficientemente considerados. Ao fazer referência ao mundo dos sentimentos, falo da cultura de nossos alunos, da qual nem sempre gostamos.

Não digo que devamos concordar com ela, mas sim demonstrar nosso interesse por essa cultura, pois se não o fizermos não teremos os códigos para trabalhar. Portanto, não podemos ignorar a cultura desses alunos, por mais que não gostemos dela. E não estou convencido de que a levamos em conta (ou a consideramos) como ponto de partida.

As pessoas, ao longo da vida, constroem seus valores, suas matrizes de valores, baseando-se no mundo dos sentimentos, em suas próprias raízes. A partir daí, vão avançando para um modelo mais discursivo, com pretensão de veracidade, de valor universal, e algumas vezes acabam alcançando alguns valores ideais.

Creio que o mundo dos sentimentos, o conhecimento da cultura dos alunos, é fundamental. Determinados problemas do ensino médio e algumas das soluções dadas a eles não tiveram o devido enfoque, tanto em planejamentos mais ou menos complexos de organização escolar como no fato de que aquele professor reconhecia como real a cultura do sujeito, do aluno com o qual trabalhava, e com base nessa cultura construía as mudanças possíveis. Volto a insistir em que a ideia da aceitação não quer dizer aprovação. Eu posso aceitar uma pessoa e ao mesmo tempo discordar dela, e inclusive sancionar suas atitudes comportamentais. Mas é muito importante este matiz: o professor precisa distinguir entre a pessoa e seus atos. Claro que, às vezes, a prática é muito diferente, como quando o professor diz a um aluno que este é tolo ou que fez uma bobagem. São duas coisas bastante diferentes: às vezes se corrige um aluno como pessoa; em outras, se corrige uma ação.

É necessário que conheçamos melhor essa cultura real que serve como alicerce para os alunos. Também precisamos avançar mais no mundo da pesquisa nos âmbitos da pedagogia e da psicologia para conhecer melhor os sistemas de construção de conhecimento utilizados hoje pela infância e adolescência, lembrando que não são os mesmos de uma sociedade baseada na leitura e na escrita.

São sujeitos que estão aprendendo, mas no contexto de uma cultura na qual viveram desde muito pequenos: muito audiovisual, cinética e tecnológica, com linguagens diferentes das linguagens clássicas orais e escritas. Obviamente, o processamento da informação nesse novo contexto não é exatamente igual ao da forma clássica. Ao afirmar que convém conhecer melhor a cultura dos alunos, faço referência a tudo, também à cultura que eles têm como aprendizes.

E essa cultura nem sempre é suficientemente conhecida por nós; aí há uma lacuna que demanda mais pesquisa. Trata-se de um tema sobre o qual convém ter mais interesse e mais formação como profissionais.

O mundo da linguagem

Trata-se de algo central, pois uma parte importante das formas de expressão violentas e agressivas é gerada quando a pessoa não sabe se expressar. O mundo das competências comunicativas e argumentativas deveria ser outro grande eixo da educação. E aí utilizaríamos todos os recursos que quiséssemos: a disciplina propriamente de língua, o teatro, o trabalho na comunidade com situações informais, a matemática. Falo de grandes vetores que deveriam orientar um trabalho muito sistemático, mas que não pode ser compartimentado em áreas curriculares, pois, como todos sabemos, em nosso trabalho os conteúdos são fundamentalmente um recurso para otimizar o desenvolvimento de pessoas competentes em uma série de âmbitos, como dizia, sustentabilidade, ter critério próprio etc. Insisto, no entanto, que não devemos esquecer que, no fundo, os conteúdos são um recurso, não um objetivo em si mesmos.

Cuidado com essa consideração, porque quando se afirma isso há quem pense que "baixamos o nível" se tiramos a importância dos conteúdos. Sejamos cautelosos, porque não estou dizendo isso nem acho que deva ser entendido assim. Ninguém pode aprender a aprender sem aprender alguma coisa; ninguém pode aprender a jogar sem jogar algum jogo; o importante não é jogar um jogo, mas aprender a jogar; o importante não é aprender tal conteúdo, mas aprender a aprender e se dispor a estar interessado em aprender. E que ninguém pense que isso se pratica sem aprender. Mas a maior ou menor importância não está em aprender X ou Y.

Ao longo da história, teremos de aprender tantas coisas que hoje não sabemos que existem – porque não existem –, e teremos de desaprender tantas que aprendemos, que é melhor que o que aprendamos seja motivador, interessante, talvez em função também da cultura de nossos alunos. E não tenhamos medo, porque não é assim que se baixa o nível cultural; este perde qualidade se os conteúdos propostos tiverem pouca capacidade estratégica e pouca complexidade. Mas insisto: competência argumentativa é essencial – a linguagem, a competência comunicativa e argumentativa.

Nós, como profissionais, deveríamos ser os primeiros especialistas na competência argumentativa e no mundo da linguagem, mas nem sempre o somos.

Penso que devemos tomar nota dessa e de outras carências, pois tenho a impressão de que o estofo cultural faz falta primeiramente aos próprios profissionais da educação. Os primeiros interessados em estar mais informados sobre muitas coisas que acontecem no mundo – que não poderemos explicar na sala de aula, mas fazem parte do repertório de uma pessoa culta – deveríamos ser nós mesmos. Cada um de nós deve refletir sobre isso, pois não é fácil abordar os desafios educacionais individualmente, muito menos de maneira simplória. A mudança que comporta uma autêntica melhora da qualidade da educação e de nossa tarefa não será

PROFISSÃO DOCENTE: PONTOS E CONTRAPONTOS

alcançada pela incorporação de uma nova técnica ou um novo material curricular, por mais interessante e bem feito que seja.

Sabemos, por experiência, que o melhor material curricular pode ser um desastre nas mãos de alguém que não tem objetivos claros – e, para tê-los de fato, é necessário saber como funciona este mundo. Ele tem, por exemplo, determinado funcionamento econômico que é preciso conhecer; não é necessário ser um especialista em todos os campos do saber, mas é preciso ter interesse em questões que não estão diretamente relacionadas com o conteúdo a ensinar na sala de aula. Porque nossa tarefa não termina na sala. Vai muito além dela. Cada vez mais, a escola necessitará que o professor seja um referencial. E alcançará a qualidade se os professores souberem dividir recursos, ajudar a gerir a informação para os alunos, a construir conhecimento. A autoridade do professor já não está baseada em saber mais que os que aprendem, porque hoje em dia é muito difícil que um professor saiba mais que todo grupo com o qual trabalha, porque em todo grupo haverá inclinações diferenciadas e ao mesmo tempo enriquecedoras; juntos, provavelmente acabarão sabendo mais coisas. O profissional, porém, tem de ser um bom especialista para saber administrar a informação, os recursos, facilitar critérios para separar a informação significativa da que não o é, contribuindo assim para que os alunos consigam construir a vida de forma sustentável, como dizíamos no começo.

Portanto, a competência argumentativa e a linguagem são centrais, porque as integramos no processo natural de trabalho e, assim, aproveitamos qualquer situação para buscar argumentos bem fundamentados. É essencial que a linguagem seja mais extensa que breve. Essa é uma tarefa importante na medida em que as descontinuidades educativas estão presentes no cotidiano escolar.

A capacidade para que nossos alunos construam valores

Todos concordamos que educar é uma tarefa sobretudo logística, que consiste em criar condições. Não é fácil, porque as tarefas logísticas sempre requerem um bom projeto, bom cálculo e boa avaliação. Pois bem, educar em valores é, sobretudo, criar condições. É verdade que também é mostrar alguns valores como ideais. E há quem talvez tenha uma lista dos valores que entende que a escola deve mostrar como ideais; mas eles pouco nos servem se as convicções de aquisição ou rejeição de valores não forem criadas para o devido reconhecimento de tais valores.

Em uma sociedade pluralista, diferentes posturas podem ser adotadas. Se queremos que tal sociedade não caia em relativismo, sabemos que ela dificilmente pode se organizar com base em um monismo, ou seja, um só sistema de valores. Creio que o trabalho de educação efetuado pelas escolas deva reunir algumas características comuns a todas as instituições de ensino. Tais características não serão sempre as mesmas, mas toda escola deveria reunir algumas condições mínimas – até as escolas que proponham requisitos máximos devem respeitar esses requisitos mínimos.

Quando se fala em educação em valores, há quem ridicularize esses mínimos, dizendo que são valores pequenos. Não é que sejam pequenos, é que são poucos, mas são os que devem garantir uma sociedade pluralista.

Em minha opinião, são três as condições que devemos gerar no cotidiano escolar para que esses valores possam ser vivenciados: a primeira é o cultivo da autonomia da pessoa; a segunda, o valor do diálogo; a terceira, o valor da diversidade.

Não acho que agora tenhamos de criar uma aula de autonomia, outra de diálogo e outra ainda sobre a diversidade, nem que seja necessário criar uma disciplina sobre o assunto; mas de forma natural, na prática cotidiana da nossa atividade pedagógica, devemos incluir esses três valores como morais. Trata-se de ter o respeito e o reconhecimento da diversidade como valor, o cultivo do diálogo como a única forma legítima de abordar os conflitos e o cultivo da autonomia presentes de modo natural nos contextos de aprendizado, jogo e convívio que conformam a escola em qualquer lugar do mundo. Porque se eles estiverem presentes na escola de forma natural vão ser aprendidos como valores e tornarão possíveis uma vida e um convívio mais dignos para todos em uma sociedade plural.

Sei que são valores diferentes dos clássicos "liberdade, honestidade, solidariedade, justiça, dignidade". Porém, se pedagogicamente procuramos denominadores comuns, precisamos expressá-los em termos operacionais, que permitam formas determinadas de abordar as situações controvertidas por parte do professorado. Do contrário, o outro é apenas uma declaração de princípios, é um mero discurso; e não nos interessa, como profissionais da educação – pode nos interessar a título pessoal, por motivos culturais ou intelectuais ou por nossa dedicação particular –, a declaração de quais valores convém mostrar como ideais, e sim, como conseguir que sejam apreendidos, algo mais configurativo que declarativo, que nos oriente sobre como podemos alcançá-lo.

Quando falamos de autonomia, há quem a entenda como sinônimo de independência. Convém ser muito claros a esse respeito: a autonomia se constrói na dependência, não na independência.

VALÉRIA AMORIM ARANTES (ORG.)

A autonomia das pessoas é construída por nós, por meio da liberação daquelas relações com as quais tivemos um relacionamento heterônomo e um relacionamento de dependência. Isso é importante porque, para que possamos de fato cultivar a autonomia, pedagogicamente devemos ser capazes de criar ambientes educativos que sejam presididos por um nível de aceitação de nossos alunos – lembrando que um nível muito alto de aceitação não quer dizer aprovação sistemática de todas as suas ações e opiniões. Para isso é necessário criar ambientes afetivamente muito ricos, nos quais as pessoas se sintam apreciadas como pessoas e nos quais existam alguns esquemas de referência estáveis, normas e limites.

Sem normas e limites, sem ambiente afetivo rico e sem que a pessoa se sinta aceita é difícil construir a si mesmo de maneira autônoma. Mas acontece com todos, como adultos também: se em nosso espaço de trabalho nós não somos aceitos como pessoas, não vivemos um clima mínimo de admiração e não temos esquemas minimamente estáveis, provavelmente será difícil construir nossa autoestima e nos atrevermos a ser autônomos.

Creio que devamos ser decididamente defensores desses três níveis: precisamos gerar um ambiente afetivamente rico, devemos saber aceitar nossos alunos – fato que nem sempre é fácil, já que sem dúvida há alunos muito difíceis de aceitar, e vice-versa. O problema acontece em ambos os lados e não há outro remédio que não a aceitação mútua. Em terceiro lugar, temos de criar algumas normas, porque elas são garantia de confiança das sociedades. Quando uma sociedade adota normas, o que podemos fazer é modificá-las e ter direito a isso; mas, enquanto isso não ocorre, devem ser mantidas e respeitadas e devem ser exigidas, porque são garantia de confiança. Eu confio que alguém

PROFISSÃO DOCENTE: PONTOS E CONTRAPONTOS

não atravesse o sinal vermelho porque eu passo no verde; se isso não fosse uma norma respeitada, não serviria de nada e tornaria a circulação mais complicada. Em segundo lugar, mencionei o diálogo. O valor do diálogo, às vezes, também se confunde com o fato de que por meio dele devemos chegar sempre a acordos, o que é um erro. O diálogo não tem necessariamente de levar a um consenso, mas é uma excelente forma de abordar os desentendimentos e de avançar neles. Esse avanço é muito diferente quando há confiança no diálogo e quando não há. Todos já fomos a alguma reunião em que pensamos não conseguir chegar a um acordo com nosso proponente, e avançamos nela de forma bem diferente da cogitada no início, embora não tenhamos chegado ao acordo no final.

Defendo que a escola seja um espaço onde o diálogo represente a maneira de abordar as diferenças, porque o mundo é pluralista e a inclusão requer o reconhecimento da diferença; por isso insisto tanto na linguagem e nas competências argumentativas para avançar nessa direção.

Em terceiro, falamos na diversidade. Reconhecer a diversidade como um valor – não a desigualdade, claro, mas a diferença – é precisamente apostar em um modelo de sociedade inclusiva na qual se reconheça o fato de que é pura riqueza ser diferente, fazer parte da heterogeneidade em si mesma, da diversidade.

Mas para que isso seja verdade, sobretudo em nossa sociedade mais desenvolvida, esse valor deve estar acompanhado pela educação da vontade; porque é muito fácil defender a solidariedade falando, mas na prática, quando isso causa perda de direitos, perda de benefícios particulares de um setor da sociedade, requer-se a aceitação da contrariedade, dos limites, o que exige treinamento.

Portanto, defender o valor da diferença significa trabalhar a vontade, educar em pequenas contrariedades – não frustrações –, aceitar limites, garantir normas e todos os direitos que queiramos para que, de maneira argumentada e dialogada, possamos mudar as normas e os limites, porém em um jogo com algumas regras de convivência não inflexíveis, mas estáveis.

Considerações finais

Para terminar, falarei sobre a forma como os docentes abordam sua tarefa. Sobre este aspecto, posso formular três propostas.

A primeira é entender que a tarefa do professor, em geral, é uma profissão. Isso pode parecer óbvio, mas não é. Há quem viva o magistério como uma ocupação trabalhista: tem um trabalho ao qual dedica algumas horas e com o qual ganha algum dinheiro. Outros o entendem como um ofício para o qual se prepararam; eles o exercem e se restringem a isso. E se a coisa for muito complexa e não estiver escrita no manual, não vão a fundo para não se complicar.

Há quem viva o magistério como profissão. Isso quer dizer que o indivíduo que atua tem uma formação especializada, mas depois há um grau de incerteza que o leva a tomar decisões por si mesmo. E por isso é um profissional.

Quando um cirurgião decide se opera por aqui ou por ali, não olha o livro, toma a decisão... E, se comete um erro, é por azar. Se um médico erra, pode dizer que fez uma excelente cirurgia apesar de o paciente ter morrido. Nós não podemos dizer isso, porque, em primeiro lugar, nossos pacientes não morrem em nossas mãos... e sempre duvidamos que a operação seja boa. Isso já faz parte de nossa cultura profissional, mas, na verdade, ser profissional significa tomar decisões, portanto pressupõe algum compromisso ético, um contrato moral.

É muito importante que nessa tomada de decisões o professor entenda que sua tarefa deve estar comprometida, no mínimo, de duas formas: que o espaço da escola realmente seja um espaço de continuidade educativa e que, portanto, o profissional tenha um conjunto de valores que o orientem a intervir na educação e a compartilhá-la com seus companheiros. E, portanto, a ideia de projeto educacional e de algo cooperativo e colaborativo é essencial. Se ela não for entendida assim, criaremos no contexto educativo descontinuidades já mencionadas antes, o que invalida qualquer esforço de qualquer um de nós.

O segundo compromisso é com uma formação e atualização contínua e com disponibilidade permanente para a autoformação – não me refiro a fazer cursos, mas a ter interesse em saber. Queremos ser referência ou não?

A questão é se o professor tem ou não interesse em saber coisas além das que serão úteis para ele. Quando se interessa somente pelas coisas que servirão para usar em sala de aula, ele tem um interesse apenas instrumental; porém, se o profissional da educação não se interessa em ter essa disposição para a autoformação ao longo da vida, dificilmente transmitirá interesse pelo saber. Além disso, ao longo da história nossos alunos demonstraram sempre que são muito inteligentes e captam tudo que não gostaríamos que captassem de nossos modos de entender. Por isso, talvez às vezes não haja um reconhecimento tão completo da profissão de professor.

Quando falei em trabalho cooperativo, quis dizer que ele é sobretudo colaborativo. Trabalho cooperativo é quando você tem uma tarefa e a reparte: você faz isso, você faz aquilo... Mas o colaborativo – que significa termos de construir algo que não sabemos o que é, porque o construímos juntos, colaborando – esse é o trabalho que deveríamos potencializar mais. Porque temos de construir projetos educacionais de comunidade, de território e de escola. E isso se constrói com o conhecimento implícito da cultura de onde estamos trabalhando. É o que temos de aperfeiçoar.

A terceira proposta: falta-nos cultura de autoavaliação. Estamos talvez entre os que mais avaliam neste mundo, depois dos juízes, mas somos os que menos temos integrada a cultura da avaliação. Não me refiro a avaliação de rendimentos, no sentido de que sempre criticamos quando não queremos falar do tema, mas a uma cultura de avaliação diagnóstica do que estamos fazendo: por que o fazemos? O que queremos conseguir?

Mas esse não é um problema só de adiamento: a partir de amanhã faremos cursos. Não. É um problema de atitude. Temos muito pouca capacidade de aceitar a crítica, e agora falo da Espanha e da Catalunha. Não sei vocês, mas eu, que convivi em conselhos de escolas e congregações de universidades, constato que aceitamos mal a crítica.

O que dissemos sobre separar nossas ações de nossa pessoa, na maioria das ocasiões, não colocamos em prática. E quando alguém lhe diz como melhorar algo, a primeira coisa que você pensa é que ele o está atacando. Precisamos corrigir esse problema com uma mudança de atitude claríssima – e potencializando o trabalho colaborativo.

Por último, creio ser necessário entender que esse trabalho colaborativo, essa cultura da avaliação, requer tempo. E o tempo de nosso trabalho é gasto quase exclusivamente com a turma e na sala de aula. Acho necessário ter espaços, pois dispomos de tempo para isso se compreendemos que qualquer pessoa que trabalha na nossa sociedade trabalha muitas horas por semana. Devemos gerar espaços na escola sem aulas, sem alunos, que permitam o trabalho colaborativo, novas práticas; porque, mais do que falar de novas estratégias didáticas, estou propondo novas formas de abordar questões que afetam mais a cultura do trabalho docente que suas práticas concretas.

PARTE II
Pontuando
e contrapondo

Sonia Penin
Miquel Martínez

Miquel Martínez: Sonia, quero iniciar esse diálogo reconhecendo minha satisfação ao ler seu texto. Concordo totalmente com o que você escreveu, e os argumentos e razões que você desenvolve me parecem muito sugestivos. Por isso, mais que discordar de algumas das questões que você levanta, a seguir me proponho formular algumas reflexões, para conhecer sua opinião a respeito delas e para produzir um diálogo sobre alguns aspectos — chaves, a meu ver — que convém abordar sem pressa, mas também sem descanso, com relação à profissão docente e à qualidade da escola e da educação.

Analisando as causas do desencanto de uma parte dos professores e o pouco reconhecimento que a sociedade lhes presta com excessiva frequência, pergunto-me se um dos fatores que possam contribuir para essa perda de ilusão e de reconhecimento social é a própria escola na qual o futuro professor se forma. O professor se forma inicialmente na universidade, e em geral essa formação inclui práticas nas salas em que depois ele trabalhará como profissional. Esses são o laboratório e o ambiente de aprendizagem e convivência nos quais o professor constrói sua vida pessoal e profissional ao longo dos anos de sua formação inicial.

VALÉRIA AMORIM ARANTES (ORG.)

Por outro lado, a escola para a qual deve se preparar é a escola da vida de seus alunos, como pessoas e também como estudantes, mas sobretudo como pessoas. Pergunto-me cada vez mais se o laboratório no qual o futuro professor deveria iniciar sua formação não deveria ser o da vida profissional, como adulto integrado a esse mundo, por um período prévio ao ingresso nos centros de formação de professores. Hoje, o profissional de educação infantil e ensino fundamental passa por diferentes fases, mas sempre no mesmo cenário: uma sala, uma quadra e um jardim; e isso desde o seu ingresso na escola infantil até a sua aposentadoria. Nunca no mundo real do trabalho para o qual preparam os seus alunos e alunas. Isso é possível? Pode um professor estar bem preparado para o mundo atual sem conhecer como ator e protagonista o mundo do trabalho para o qual e no qual forma seus alunos?

Acho sinceramente que, após o ensino médio – antes, portanto, de ingressar na faculdade –, o futuro professor precisa viver de forma plena a cultura e a vida do trabalho ou o mundo do trabalho. Em alguns casos, pode ser um exercício profissional ao qual se tenha acesso sem a necessidade de mais formação; em outros, talvez seja necessária uma formação superior e/ou universitária. Não acho que isso seja importante.

O importante é que essa formação adicional, se necessária, não esteja relacionada diretamente com a educação e que, de qualquer modo, a prática profissional tenha uma duração que seja suficiente para se viver e apreciar a cultura do trabalho em contextos não escolares.

Não sei se isso significa simplesmente acrescentar mais exigências aos docentes ou, como prefiro pensar, dar a importância devida à sua tarefa e ser uma boa via para a mudança da cultura de trabalho e docência de que as escolas precisam com urgência.

O professorado não deve procurar formar bons estudantes, mas pessoas capazes de viver seu mundo real de forma sustentável. A educação hoje deve procurar formar pessoas que sejam capazes de guiar e controlar sua vida de modo sustentável, tanto no espaço íntimo e pessoal como no profissional, social e comunitário ou cidadão.

Acho que às vezes ainda insistimos na importância da formação inicial e contínua do professorado e perdemos de vista a biografia do futuro professor. A biografia de cada um é essencial na construção de sua personalidade, e a biografia da maioria dos professores é muito escolar. A profissionalidade, como muito bem você indica, Sonia, é a fusão de profissão e personalidade.

Não é fácil mudar a escola na sociedade da informação e da diversidade e dotá-la do necessário para abordar sua tarefa com qualidade se os referenciais dos dirigentes da vida escolar e dos educadores das gerações mais jovens são os mesmos que justificaram e destacaram a importância da escola e dos professores na sociedade industrial.

A escola requer uma transformação que não se alcançará se nos limitarmos somente a aprimorar o que já fazemos, ou seja, formar melhor os professores. É necessário, além disso, mudar a cultura de trabalho e docência dos professores e da escola e fazer outras coisas. Provavelmente essas coisas são mais bem aprendidas pela prática e pela observação nos contextos de aprendizagem e de vida relacionados com o exercício de profissões alheias ao mundo da sala e da escola. Que opinião você tem a esse respeito?

VALÉRIA AMORIM ARANTES (ORG.)

Sonia Penin: Miquel, nessa oportunidade expresso minha imensa satisfação em, primeiro, ler seu excelente texto; depois, em debatê-lo à luz do contexto brasileiro; e, por último, receber suas questões a respeito do meu texto escrito para alimentar esse diálogo tão estimulante propiciado por nossa amiga em comum, Valéria Arantes.

Seus argumentos formulados com pertinência e rigor são bastante apropriados e instigantes para examinar a problemática educacional, na perspectiva do professorado, que em nossos países, por motivos e grandezas diferentes, apresenta muitas preocupações.

Entendendo a crítica sistemática como característica essencial do trabalho acadêmico para o desvendamento dos fenômenos que a nós se apresentam, envio minhas reflexões sobre os seus argumentos, relativas à profissão docente e à qualidade da escola e da educação.

Você pergunta se entre os fatores que possam contribuir para essa perda de ilusão e de reconhecimento social do professorado não estaria o próprio local onde ocorre a sua formação inicial, ou seja, a sala de aula, quer seja a das universidades, quer seja a das escolas de educação básica, onde são realizados os estágios e as práticas de ensino. Contrapõe esse local de convivência (institucional escolar), no qual o estudante se constrói pessoal e profissionalmente, àquele para o qual um futuro professor deve se preparar, ou seja, o da vida de seus futuros alunos. Afirma, assim, que "a biografia da maior parte do professorado é demasiado escolar".

Com esse entendimento você indaga da oportunidade de, após terminados os estudos na educação básica e previamente ao ingresso do estudante ao curso de formação de professores, este estudante viver um período como ator e protagonista na cultura e no "mundo real de trabalho", no qual os alunos da escola básica se formam e para o qual devem ser preparados. Entre essas possibilidades de trabalho inclui a que prevê, mas não necessariamente, a formação em nível superior, desde que fora da área educacional. Muito interessante e arguta a sua questão, Miquel.

Inicialmente, concordo com o argumento de que muitos dos nossos professores têm pouco conhecimento do mundo do trabalho em amplo espectro. Sobretudo para aqueles que sempre permaneceram como professores ou mesmo como funcionários públicos. Se alguém sai da instituição escolar de nível básico, entra para a instituição de ensino superior e volta a ser profissional da escola básica, a sua *profissionalidade* tenderá, concordo, a ser muito influenciada por esses espaços do vivido, o que pode dificultar a compreensão de outros espaços e contextos. Naturalmente, também entendo, muitos atravessam essas limitações, mas estamos falando de tendências.

Aprofundemos a questão.

No Brasil, nossa herança de profunda desigualdade social faz que em pleno século XXI ainda tenhamos grande proporção da população composta por pobres, muito pobres e miseráveis. Essa desigualdade social é um fato que desabona não somente os governantes, mas também as diferentes elites e todos os brasileiros. Pois bem, os filhos dessa população mais empobrecida apenas nas últimas décadas começaram a frequentar a escola básica e a permanecer por mais tempo nela, mas são eles também que, em grande medida, sofrem resultados precários nas avaliações externas que hoje as instâncias federal e estaduais realizam. Ciente de que parte substantiva desse "fracasso escolar" é devida à insensibilidade

VALÉRIA AMORIM ARANTES (ORG.)

e/ou incompetência de encaminhamento de soluções estruturais e mais radicais por parte das diferentes instâncias governamentais (federal, estaduais e municipais), notam-se também, pela complexidade e demandas reais que a situação exige, as dificuldades que os profissionais da escola vivenciam para lidar de maneira promissora com as diferenças socioeconômicas e de outras naturezas presentes entre os alunos.

É provável, Miquel, que na realidade de seu país as diferenças mais desafiadoras a serem enfrentadas pelos profissionais das escolas sejam as de ordem cultural, devido à grande quantidade e diversidade de imigrantes. Isso também ocorre no Brasil, em alguma medida; porém, as diferenças socioeconômicas dos próprios brasileiros ainda têm prevalecido como maior desafio a ser superado, seja enquanto situação social em si mesma, seja enquanto tratamento pedagógico que a escola deve prestar a essa parcela populacional. O problema acaba sendo mais perceptível na figura do professor, mas indica que toda a cadeia formativa está com problemas, começando com as instituições formadoras e terminando com as empregadoras. De qualquer forma, é na escola e na sala de aula que o fenômeno é percebido.

Exemplos das dificuldades dos professores de lidar com as diferenças socioeconômicas dos alunos da educação básica têm sido encontrados em pesquisas ao longo de décadas. Numa investigação a que procedi nos anos 80 em uma escola da periferia da cidade de São Paulo, registrei situações que indicam tais dificuldades[13].

Numa entrevista com uma professora considerada boa por seus pares e pela direção da escola, perguntei-lhe a respeito do valor

---

13. Penin, S. T. S., 1994.

PROFISSÃO DOCENTE: PONTOS E CONTRAPONTOS

que dava ao curso de magistério que frequentou como preparação para enfrentar a realidade dos alunos daquela escola (em sua maioria pobres). Respondeu que ele não a ajudou para tal enfrentamento, e exemplificou com a seguinte situação: quando começou a trabalhar na escola, diariamente voltava para casa chorando por verificar alunos sem calçados ou agasalhos adequados, ou, ainda, com fome. Continuou dizendo que com o tempo acabou "ficando fria", não mais "carregando o problema".

Em outro momento, perguntada a respeito das formas como as crianças aprendem melhor, afirmou que essas aprendem "a partir do concreto", e que para isso seria muito importante que suas famílias lhes proporcionassem "uma vivência maior fora do bairro", possibilitando experiências culturais diversificadas.

Além dessas afirmações, foi muito revelador um episódio observado em uma de suas aulas, após uma excursão que parte da classe fez ao zoológico (a outra parte não foi devido à impossibilidade de seus pais pagarem a condução – o que em si mesmo revela falha da escola em resolver ou demandar soluções de problemas desse tipo), quando a professora nem sequer tocou no tema "zoológico" durante o período. Perguntada sobre a razão, ela respondeu que não queria humilhar os alunos que não foram.

Desses exemplos de discurso e de prática docente emergem várias questões. Primeiro, naturalmente, o descaso do poder público à época em suprir algumas das necessidades materiais dos alunos pobres, como calçados e agasalhos, o que atualmente é prática disseminada nas redes públicas. Depois, no que tange à professora, é possível identificar algumas posturas que sem dúvida podem ser trabalhadas em cursos de formação,

73

mas, sobretudo por meio de diálogos e reflexão no contexto escolar. Em relação à primeira situação relatada, certamente não estavam disponíveis a essa professora estratégias que permitissem uma aproximação mais adequada à realidade vivida pelos alunos pobres. Se a escola não pode resolver a situação de pobreza, certamente pode desenvolver soluções plausíveis para lidar de modo pedagógico com ela. "Vivenciar" e "sentir" a pobreza não pode reduzir-se à insensibilidade ou a "ficar fria". "Ficar fria" diante da situação da pobreza não pode significar desconsiderá-la, mas sim definir ações adequadas.

Tais ações, além de incluir o aspecto material, ou seja, impulsionar a professora a demandar ações aos órgãos superiores ou mesmo denunciar tal situação, supõem também um trabalho pedagógico. Que se repudie a pobreza, mas não se abstraia da verdadeira situação do pobre.

Alcançar tal compreensão pressupõe o exame crítico das próprias representações da professora. O significado de toda essa situação e o sentido das representações que a acompanham é algo que não salta à percepção do sujeito; ao contrário, precisa ser buscado e pode ser objeto de debate num curso de formação (inicial ou continuada).

Na questão relativa à importância de os alunos terem maior vivência cultural "fora do bairro", as explicações da docente estiveram sempre estreitamente relacionadas com a ideia de que competia à família atender essa necessidade, não discutindo as possibilidades de um projeto escolar, dado que as famílias de baixa renda não têm condições de fazê-lo, quer por motivo financeiro, quer pelo fato de elas mesmas geralmente não terem experiência cultural diversificada.

PROFISSÃO DOCENTE: PONTOS E CONTRAPONTOS

Por último, no que se refere ao episódio do zoológico, a professora, baseada em suposições pouco refletidas e provavelmente plenas de resistência (mesmo que não consciente) de enfrentar as diferenças (seja de ordem social, econômica ou financeira), apresenta um verdadeiro simulacro explicativo para o silêncio sobre o zoológico. A homogeneização de experiências vividas — que parecia ser desejada por ela — não existe na vida comum dos seus alunos, nem de nenhum outro aluno. Se a pobreza das crianças lhes impossibilitou de ir ao zoológico, a classe as privou de uma rica partilha. Pior que não ir ao zoológico é não conversar sobre isso, tampouco ter a oportunidade de ouvir as considerações dos colegas acerca do tema. Conversar sobre as experiências do outro não só propicia um diálogo como estimula a imaginação e enriquece o imaginário, ampliando as referências dessas crianças.

Esses exemplos, Miquel, mostram algumas dificuldades que muitos professores podem vivenciar na relação com a diversidade socioeconômica ou cultural dos seus alunos. É possível que essas dificuldades conduzam-nos ao desencanto da profissão, sobretudo quando acompanhadas de um sentimento de incapacidade em levar seus alunos ao nível de aprendizagem esperado.

A questão que parece permanecer entre os exemplos apresentados e as considerações que você tece, Miquel, é se, mais do que buscar outras vivências para os futuros profissionais, não deveríamos alargar o espaço escolar vivido pelos professores e mesmo pelos estudantes nos seus estágios. Uma escola possui um entorno e se localiza em um bairro de uma cidade. Quem são e como vivem os moradores desse bairro, em termos econômicos, culturais, religiosos, do tipo de trabalho etc.? Se a escola incluir tal contexto e organizar oportunidades de encontro, de interlocuções com a população do entorno e/ou de onde os alunos provêm, os profissionais da escola terão chance de conhecer e refletir de forma mais profunda sobre esse lugar e sua relação com outros lugares da cidade, assim como a respeito da função social da escola. O próprio significado da escola pode ser objeto de mudança; afinal, a escola, mais do que pertencer aos profissionais que nela trabalham ou aos governos que a mantêm, pertence à comunidade onde está localizada.

Se reais e adequadas relações se estabelecerem entre a população escolar e a local, é possível que o mundo de trabalho dos moradores dessa região possa adentrar a escola, o imaginário e a imaginação dos professores e então ser considerado nas ações pedagógicas desses profissionais. Por fim, boa parte do reconhecimento da sociedade aos professores poderá advir da forma como esses últimos enfrentam os desafios que lhes são apresentados.

Miquel Martínez: Obviamente, mesmo supondo que concordássemos com a afirmação mencionada anteriormente – que se aprende mais pela prática e pela observação nos contextos de aprendizagem e de vida relacionados com o exercício de profissões alheias ao mundo da sala e da escola –, a realidade existe e não podemos mudá-la em dois dias. Concordo com você quanto à importância de aproximar a formação, a inicial e a contínua, ao ambiente de trabalho, às instituições de ensino e a título de projeto educativo das instituições. Também concordo que é mais fácil corrigir e otimizar a formação contínua que a inicial. Embora nós as concebamos como um *continuum*, de fato elas se concretizam em contextos diferentes e em momentos da vida pessoal e profissional dos professores também

PROFISSÃO DOCENTE: PONTOS E CONTRAPONTOS

diferentes. Do meu ponto de vista, ganham um peso cada vez maior no profissionalismo – pessoa e profissão – dos professores os primeiros cinco anos de trabalho. Acho que é conveniente potencializar e reconhecer a figura do professor mais experiente – de reconhecido prestígio – como orientador do novato, nos seus primeiros anos de profissão, como uma figura-chave no aprimoramento da qualidade da formação dos professores e da educação em geral.

Uma boa seleção desse tipo de profissional e a identificação de bons centros por sua trajetória e boas práticas pode ser um dos fatores que contribuam para a melhoria na formação dos professores, tanto contínua como inicial. As universidades oferecem menor resistência à mudança quando a qualidade dos centros e do corpo docente que trabalha neles é alta e propõe melhorias, adaptações ou autênticas correções nas propostas e nos planos docentes de formação inicial. A colaboração entre os professores motivados e inovadores das universidades e das escolas – sobretudo se estas são exemplo de boas práticas – é um excelente motor para a mudança na cultura docente das instituições de formação de professores. Você acha praticável o que eu proponho? Ou é utópico demais e seus supostos bons resultados chegariam muito tarde?

Sonia Penin: Concordo integralmente com suas suposições, Miquel, relativas tanto ao peso significativo dos primeiros cinco anos de profissão do professor quanto à propriedade de se potencializar e reconhecer a figura do professor experiente – de reconhecido prestígio – como tutor do iniciante nos seus primeiros anos de profissão, contribuindo significativamente na melhoria da qualidade da formação de professores e da educação em geral. Tais suposições têm sido fortalecidas por pesquisas e práticas realizadas em diferentes países e defendidas em diversos espaços de discussão. Menciono aqui o primeiro relatório da recém--criada International Alliance of Leading Education Institutes, que aponta entre os principais aspectos para a melhoria da qualidade da formação do professor a existência de um currículo abrangente para a iniciação dos professores novos, na própria escola, que vá além de um simples suporte ou assistência e os estimule a uma aprendizagem contínua[14]. Nesse contexto, a figura do professor experiente é uma das possibilidades dessa recepção, reforçando o entendimento de que o estímulo na entrada e nos primeiros anos da profissão pode fazer diferença na qualidade de toda uma vida profissional.

Com respeito à sua proposta, Miquel, concordo integralmente com a premissa, ou seja, mudanças – tanto nos programas de formação inicial das universidades quanto nas propostas de formação continuada para as escolas – pressupõem uma estreita colaboração entre essas duas instituições. Essa é uma ação que entre nós tem muito espaço para melhorar.

Também concordo com você sobre a necessidade de melhor identificar professores experientes para serem tutores dos novos.

---

14. Transforming 21st Century Teacher Education through Redefined Professionalism, Alternative Pathways and Genuine Partnerships. A Report Commissioned by the International Alliance of nine Leading Education Institutes, 2008. O relatório foi preparado por Gopinathan, S. *et al.*, do National Institute of Education, Singapore, sob coordenação do então presidente da International Alliance, professor Lee Sing Kong.

Nesse ponto, começam algumas dificuldades relativas às nossas condições de trabalho. Você propõe a busca dos candidatos a *professores mais experientes* nas escolas "reconhecidas como boas por sua trajetória e boas práticas".

Contudo, no caso brasileiro, como já relatei em outra parte deste trabalho, por diferentes razões os professores, no uso do seu direito de remoção de escola, mudam com muita frequência, ocasionando, especialmente nas grandes cidades, dificuldades no desenvolvimento de um trabalho coletivo e duradouro numa instituição específica. Sabemos que uma proposta de melhoria da escola precisa ser, em primeiro lugar, boa, e em segundo ter permanência suficiente para ser avaliada. A alta rotatividade dificulta encontrar um professor que se desenvolveu com base na reflexão sobre uma mesma realidade.

Num sistema com alta rotatividade como o nosso há que se identificar um bom professor por outros indícios e não apenas pelo resultado de um trabalho continuado numa escola. De qualquer modo, dada a diversidade de situações, esse é um caminho que pode ser trilhado e avaliado em alguma instância. Afinal, mesmo nas escolas com pouca rotatividade, localizadas principalmente em bairros mais centrais e nas cidades de menor porte, a qualidade também precisa ser melhorada.

Se, de um lado, é imprescindível a busca de soluções administrativas e legais de interesse dos *professores* e dos alunos para a melhoria do trabalho nas escolas, é igualmente *imprescindível* que as instituições formadoras e as empregadoras – entre essas em especial a rede pública de ensino – mantenham boas relações e trocas, discutindo juntas caminhos mais promissores para realizar sua função social.

VALÉRIA AMORIM ARANTES (ORG.)

Miquel Martínez: No âmbito da educação e da escola, estou cada vez mais convencido da importância das pequenas melhorias, e cada vez menos da eficácia das grandes leis ou dos regulamentos extensos. São as pequenas melhorias que realmente podem estimular a mudança da cultura docente em curto e médio prazo. As leis e regulamentos geram condições que possibilitam ou não determinadas mudanças, mas não são as leis que geram as mudanças. São as instituições de ensino e os professores, desde que eles reflitam sobre a própria prática, avaliem sua eficácia e estabeleçam as ações de melhoria correspondentes.

Mas sem dúvida a tarefa não pode ser exclusivamente dos docentes. Suas condições de vida nos centros públicos, a diversidade de seus alunos, o reflexo, nas aulas, dos problemas e das características de nossa sociedade e, definitivamente, os fatores que geram mal-estar na profissão docente e uma percepção social negativa do trabalho dos professores não se resolvem apenas com as respostas dos professores. São necessárias propostas inovadoras de caráter político e social, que gerem políticas públicas que evitem a segregação escolar e educacional nos territórios. Em um recente estudo sobre os docentes e o sistema educativo na Catalunha, do qual participamos com mais de trinta profissionais de diferentes procedências – da escola, das universidades, das Secretarias de Educação, da educação em geral e de outros setores –, concluímos que a escola e os professores, sozinhos, não poderão resolver nada ou farão muito pouco.

A qualidade da educação e a qualidade de vida em nossa sociedade, em médio prazo, dependem da vontade política direcionada realmente à conquista de uma sociedade mais inclusiva, mais equitativa. A melhoria da qualidade da educação em uma comunidade é indissociável da conquista de maior equidade no território. A melhoria da qualidade da educação e da profissão docente não será alcançada se nelas só intervierem os profissionais da educação, os sindicatos, pais e mães, os estudantes e as Secretarias de Educação. A intervenção daquela parte da sociedade que é alheia ao sistema educativo no sentido estrito – formada pelos agentes sociais, culturais e empregadores do local – também é necessária. Novamente, não acho que as soluções venham das grandes declarações, mas do trabalho em rede no território e na comunidade.

Convém comprometer todos os agentes educacionais – da educação formal e não-formal – a fim de evitar a segregação escolar e educacional. Para isso, é necessária uma aliança entre todos os agentes do território, que se comprometa com a melhoria da qualidade das escolas e com a equidade e a inclusão tanto das instituições públicas e de seu professorado quanto das instituições particulares, seus titulares e seu professorado. Qual é a sua opinião com base na realidade do seu país?

Sonia Penin: Miquel, concordo em grande parte com o que você comenta sobre a importância das pequenas melhoras e a relativização da eficácia das grandes leis e extensos regulamentos. Partilho a crença de que leis são insuficientes para modificar a realidade, mas diminuo um pouco o acento negativo a respeito das grandes leis, entendendo que muitas são necessárias – ou que seria pior sem elas.

Acredito numa dialética entre leis e questões locais, que, todavia, é uma relação que deve ser analisada caso a caso, ou seja, examinando períodos de tempo e contextos sociopolíticos determinados. Em muitas situações, o que é colocado nas leis já estava em maior ou menor grandeza no discurso e/ou na ação social e cotidiana das pessoas e instituições. Naturalmente, eu me refiro ao contexto das sociedades democráticas e aos processos democráticos, que mesmo nessas nem sempre são contínuos. Por outro lado, também acredito que as leis que não respondem às demandas do cotidiano acabam se tornando letra morta: ou são descumpridas ou revogadas. Como afirmam de forma semelhante Agnes Heller e Henri Lefebvre, o cotidiano reflete e antecipa a história[15].

Entendo, por fim, que as definições legais, como não podem prever todas as ocorrências da realidade ou porque não têm mesmo essa intenção, abrem espaço para que os integrantes de uma instituição e de uma escola específica usem o seu espaço de autonomia relativa, ou seja, de sua governabilidade. As ações daí decorrentes, que também podem ser estimuladas por políticas públicas, parece-me dar espaço para o que você denomina pequenas melhoras. Nesse sentido, concordo com sua importância.

Do meu ponto de vista, leis devem definir princípios, valores, diretrizes básicas e dar espaço para políticas públicas regionais de equalização; fora isso, devem assegurar autonomia para as ações das diferentes instâncias responsáveis pela realização da educação, inclusive a escola. Autonomia e responsabilidade são palavras-chave, e, nesse caso, os processos, além dos resultados, devem ser tornados públicos.

---

15. Cf. especialmente Heller, A, *O quotidiano e a história*. Rio de Janeiro: Paz e Terra, 1972, e Lefebvre, H, *Critique de la vie quotidienne II – Fondements d'une sociologie de la quotidienneté*. Paris: L'Arche Éditeur, 1961.

PROFISSÃO DOCENTE: PONTOS E CONTRAPONTOS

Em relação ao processo, também concordo com você, Miquel: os professores não podem estar sozinhos, porque assim pouco contribuem; o processo deve ser discutido tanto pelos professores quanto pelos alunos e seus pais, e também pelos sindicatos, a rede de ensino e a comunidade local. Como você afirma, "a melhoria da qualidade da educação numa comunidade é indissociável do alcance de mais equidade na região". E por isso todos os agentes da região são responsáveis. Parece-me que é desse coletivo que a escola desenvolverá a equidade e alcançará qualidade, seja no seu, seja no nosso país.

Miquel Martínez: Outra questão que você levanta em seu texto, e com a qual também concordo, é o efeito perverso de uma cultura de avaliação mal-interpretada. A aparição de listas de instituições – *rankings* – está destruindo o trabalho de excelentes equipes de professores e produz modelos de organização escolar homogeneizantes, contrários à diversidade e seletivos. É um dos piores efeitos, e está gerando a preocupação com a qualidade da educação mal-interpretada.

Em educação, a avaliação não pode ser confundida com a medição. Independentemente da vontade ou não de seus promotores, os *rankings* são analisados da ótica da medição de resultados, e não da avaliação de processos. A partir dessa perspectiva, será muito difícil que o professorado compreenda e aceite a integração da cultura da avaliação à sua tarefa.

A qualidade do professorado não pode ser medida em função dos resultados acadêmicos de seus alunos. A qualidade da atividade docente merece ser avaliada, não medida, em função do conjunto de fatores que influem sobre ela. Convém promover,

83

VALÉRIA AMORIM ARANTES (ORG.)

junto com a avaliação de resultados, a avaliação do processo, e levar em conta as condições nas quais o docente exerce sua tarefa em cada instituição.

Classificar as instituições em função de indicadores de resultados sem considerar o contexto e as características específicas da população escolar em cada território e instituição é uma excelente forma de contribuir para incrementar a segregação escolar, a desigualdade social e o desânimo entre o professorado das instituições que escolarizam a população com menos recursos culturais e econômicos.

O bom professorado não está vivendo sua profissão de modo satisfatório. Urge melhorar o bem-estar no exercício da profissão docente. É tão importante quanto melhorar a formação contínua ou dotar as escolas de tecnologias a serviço da aprendizagem e da comunicação. Porém, acho que os recursos que estão sendo destinados à melhoria da qualidade na educação não estão orientados para esse objetivo.

Não sei se você concorda, mas, sinceramente, acho que se limitarmos nossas preocupações e investimentos apenas para obter melhores resultados colocaremos em risco o futuro da escola como espaço de formação cidadã e de iniciação social e o futuro da educação de uma parte muito importante da população. A preocupação com a excelência sem equidade gera mais desigualdade e impede a coesão e a inclusão sociais.

É óbvio que algumas das condições de trabalho dos docentes e também seus salários são melhoráveis. Porém, nem tudo se reduz a isso. Na Catalunha e na Espanha como um todo, as condições salariais são, do meu ponto de vista, adequadas, assim como a dedicação em horas de trabalho em sala. Porém, falta bem-estar

PROFISSÃO DOCENTE: PONTOS E CONTRAPONTOS

no trabalho. E falta, em parte, porque o professorado não está acostumado a trabalhar de modo colaborativo nem a compartilhar desafios e responsabilidades, êxitos e fracassos – eles são vivenciados a título pessoal. Desse modo, hoje é bastante difícil abordar o trabalho na escola e os desafios da educação em geral. É importante incentivar o trabalho das equipes docentes de forma decidida. Do mesmo modo que afirmamos a necessidade de políticas públicas decididas em matéria de família e educação que evitem a segregação escolar e seu agrupamento homogêneo, acredito que tenha chegado o momento de a cultura de trabalho do professor mudar e de ele entender que sua tarefa não consiste apenas em ministrar bem suas aulas, mas em trabalhar em equipe além da sala de aula e no âmbito de um projeto educativo de instituição e, se possível, de território – projeto esse que situa sua tarefa em uma esfera mais pedagógica e social, e não apenas na esfera escolar. Essas mudanças não são fáceis no nosso país e não podem ser alcançadas sem a colaboração dos sindicatos e dos movimentos de renovação pedagógica. Estamos trabalhando nisso, mas não será fácil. O que você acha de tudo isso? Podemos compartilhar soluções ou propostas de solução, além de problemas?

Sonia Penin: Nessa questão creio que convergimos *in totum*, Miquel. No Brasil, desde o estabelecimento da nossa lei educacional maior, a LDB-EN (Lei de Diretrizes e Bases da Educação Nacional), em 1996, votada oito anos depois da promulgação da Carta Constitucional de 1988, após 25 anos de um regime ditatorial no país – período em que também cresceram e se diversificaram as instituições escolares em todos os níveis de ensino –, a avaliação dessas instituições passou a ser defendida por todos os

VALÉRIA AMORIM ARANTES (ORG.)

participantes das audiências públicas que precederam tais votações no Congresso Nacional. Da instituição às ações avaliativas, muitos questionamentos foram sendo formulados pelos setores acadêmicos, mas a cultura da avaliação recebeu por parte da população e da mídia forte apoio.

Ao longo do tempo, passando por sucessivas mudanças de governos de diferentes matizes políticos, os sistemas de avaliação se multiplicaram nos três níveis político-administrativos (nacional, estadual e municipal), de forma articulada ou não, sendo constantemente revistos. É possível afirmar que nesse processo o conhecimento avaliativo acumulado no país foi se tornando progressivamente mais qualificado.

Igualmente, os indicadores organizados com base nessas avaliações passaram a ter cada vez maior importância na definição de critérios para a distribuição de verbas para a educação, por parte das instâncias administrativas. Nesse cenário, estimulado ainda por avaliações de âmbito internacional e pelas demandas da contemporaneidade, tem crescido o apelo por mais qualidade do ensino; como consequência disso, não somente as administrações mas também os profissionais na base da pirâmide do sistema, sobretudo os professores, têm sido fortemente pressionados.

No tocante aos sistemas avaliativos estabelecidos, ainda que em alguns fique explícita a intenção não apenas de medir os resultados, mas também de examinar os processos, o que tem ocorrido é que no geral a medida tem se sobreposto a qualquer outra análise. Indicadores têm tomado o lugar daquilo que indicam, ou seja, o fenômeno educativo. Este, sendo algo muito mais complexo, acaba não sendo tratado na amplitude e radicalidade devidas.

A afirmação que apresenta, Miquel, relativa à conveniência de "promover junto à avaliação de resultados a avaliação do processo" retoma a formulação descrita no segmento anterior. Aprofundando mais a questão, podemos completar a pergunta: além do resultado, além do processo, por que avaliar? Se é para melhorar a qualidade da aprendizagem dos alunos há que se saber onde estamos e para onde queremos ir e, é claro, definir um caminho a perseguir, com metas e condições incluindo os parceiros; aqueles que também já nomeamos anteriormente.

"Onde estamos" inclui: as condições dos alunos (escolares e de vida), as condições da escola, assim como as condições da comunidade e da região. Um bom diagnóstico das condições de entrada dos alunos é o ponto de partida para qualquer plano de ações e metas. Tal plano deve prever ações de demanda para outras instâncias da administração à qual a escola pertença, mas também ações de governabilidade local: junto dos professores, das famílias dos alunos, dos agentes comunitários e regionais e, sobretudo, dos próprios alunos.

O conhecimento do comportamento e das condições de chegada dos alunos é a tarefa fundamental para potencializar as possibilidades de interferir adequadamente contra discriminações e, mais ainda, para possibilitar a cada professor e comunidade escolar aquilatar o quanto contribuíram no processo. Tal percepção, Miquel, pode ser o caminho para que os professores tomem posse do fruto do seu trabalho e, assim, contribuam com seu bem-estar no exercício da profissão.

Esse acompanhamento em cada escola, por sua vez, apresenta-se como fundamental para que uma instituição, em especial a rede pública de escolas, possa identificar quanto tem contribuído

VALÉRIA AMORIM ARANTES (ORG.)

no alcance da equidade. Concordo plenamente com você que "a preocupação pela excelência sem equidade gera mais desigualdade e impede a coesão e a inclusão social".

Falta realçar, entre as condições do trabalho docente, a questão salarial – que, diferentemente de seu país, Miquel, ainda não está estabelecida de forma adequada no Brasil, na maioria dos sistemas públicos de ensino. Mas, como já afirmei, questões salariais e algumas outras condições objetivas de trabalho são indicadas por alguns professores como fatores de insatisfação no trabalho, sendo os fatores de satisfação mais frequentemente associados aos resultados de sua ação pedagógica, como levar os alunos a aprender. Nesse aspecto, e já entrando no último aspecto abordado por você nesse item, penso que se apresenta como da maior importância colocar na pauta da formação tanto inicial quanto continuada a aprendizagem do trabalho em equipe.

Acredito que o aprendizado em equipe e o aprender a ensinar os alunos a trabalhar em equipe podem cumprir duas necessidades do professor: por um lado, atingir um objetivo de trabalho, que é levar os alunos a melhor aprenderem, o que é algo que lhe dá satisfação no trabalho; por outro, aprender ele próprio a trabalhar em equipe.

Sobre esse aspecto, apesar do que já tem sido feito tanto na formação inicial quanto na continuada, desde pelo menos os anos 1960, com as propostas de dinâmica de grupo e de gestão democrática, parece ser ainda difícil o exercício do trabalho em equipe. Nesse sentido, trago novamente dados da pesquisa já referida, que verificou que a professora desenvolvia pouco diálogo e também oferecia poucas oportunidades para que os alunos dialogassem entre si. A análise mostrou que essa dificulda-

PROFISSÃO DOCENTE: PONTOS E CONTRAPONTOS

de podia estar relacionada com o fato de essa mesma professora apresentar relutância em trabalhar com suas colegas nas reuniões pedagógicas, também observadas na pesquisa. Sem vivenciar as dificuldades e/ou especificidades do "aprender trabalhar em grupo" ficava difícil para ela desenvolver tais práticas na sua sala de aula. Ela não conseguia ensinar o que não dominava.

Ou seja, Miquel, o trabalho em equipe, algo que parece tão claro e simples, não o é; exige conhecimento e, sobretudo, muita prática em diferentes contextos. Cada contexto, por sua vez, é uma situação nova que tem fases de aproximação das pessoas até o alcance dos seus objetivos em comum. E, como você afirma, e eu concordo, os contextos nos quais o professor hoje precisa exercitá-lo para bem desenvolver sua ação profissional primeira – ensinar alunos na diversidade em que eles se apresentam – envolvem desde seus pares na escola até os parceiros ou agentes de fora da escola, pais de alunos e líderes pertencentes ao bairro ou até sindicatos.

Portanto, Miquel, é bastante complexo e exigente o ofício de professor na atualidade, e ele precisa da interlocução de todos os profissionais nessa empreitada. Nós e nossas instituições que formam professores temos muita responsabilidade nessa tarefa, seja na ação formadora propriamente dita, seja na ação política de demanda de melhores condições para que os professores da ativa possam desenvolver espaços de conhecimento e de ação pedagógica, oportunidades de crescimento pessoal e profissional.

★ ★ ★

VALÉRIA AMORIM ARANTES (ORG.)

Sonia Penin: A ideia central de Miquel é muito interessante, focando a busca de melhoria da qualidade da escola e da educação na atualidade não no acúmulo de mais conhecimento sobre elas pelos professores, mas na mudança da maneira como esses têm compreendido e perseguem os próprios objetivos da educação. Não se trata, para o autor, de apontar novos objetivos, mas de mudar o modo como estes podem ser atingidos pelos professores, obtendo com isso também mais bem-estar e mais satisfação, dado que poderão tanto receber mais reconhecimento pela tarefa que desenvolvem quanto obter a cumplicidade de seus colegas de trabalho.

As características da sociedade atual, individualista e pouco informada – apesar da vigência da chamada era da informatização –, representam para Miquel uma contradição não resolvida, visto que o ideal de muito saber (enciclopédico) que percorreu todo o período de hegemonia da sociedade industrial ainda tem força na atualidade, que reclama outras prioridades do saber. No fundo, mais do que enfocar o currículo, a questão é saber qual a função mais adequada para o professor hoje.

Para responder a essa questão, e tendo em vista as características das famílias dos alunos – plurais e com diferentes níveis de colaboração, na maioria pouca –, Miquel entende que os objetivos educacionais não são alcançados apenas na escola, mas com o apoio de políticas públicas que possam atingir a família, a infância e os meios de comunicação. De qualquer forma, no âmbito da escola, os objetivos precisam ficar mais claros, direcionados para que os alunos possam construir a vida de modo sustentável, tomando decisões, apoiados nos valores da felicidade e da dignidade.

PROFISSÃO DOCENTE: PONTOS E CONTRAPONTOS

Estes valores, para Miquel, devem guiar todo o projeto pedagógico, no qual a formação não se relaciona apenas com o aspecto intelectual e emocional, mas também com a vontade. Assim, ele identifica que sentimento (melhor que emoções, já que estas são primárias e os sentimentos, diferentemente, podem ser educados), razão e vontade devem estar presentes numa proposta pedagógica. Para lograr esses objetivos educacionais, Miquel propõe um trabalho que considere três âmbitos: 1) o mundo dos sentimentos dos alunos (aceitação, não necessariamente aprovação); 2) o mundo da linguagem – competência comunicativa e argumentativa, as quais o professor precisa primeiramente exercitar; 3) a capacidade para que os alunos construam valores, ou melhor, matrizes de valores (já que aqueles existem e estas são construídas), para a qual três condições devem ser previstas: cultivo da autonomia da pessoa; o valor do diálogo; o valor da diversidade.

Sendo os objetivos educacionais algo a ser conquistado em longo prazo (matrizes de valores, competência comunicativa e argumentativa), como estabelecer indicadores de que se está no caminho certo no período de um ano letivo ou de um bimestre escolar, ou seja, no período de uma tarefa educativa do professor? Não há que se definir sequências de competências comunicativas ou argumentativas ou especificar comportamentos e atitudes a serem identificados no desenvolvimento de um projeto grupal ou coletivo na escola? Mas nesse caso, tais definições e especificações não seriam, elas mesmas, conteúdos a serem trabalhados e, portanto, conhecimentos que o professor deve dominar sobre o currículo?

Miquel Martínez: Você coloca uma questão central: como estabelecer indicadores de que estamos no caminho certo e como

VALÉRIA AMORIM ARANTES (ORG.)

fazê-lo de modo que, no período de um ano ou de um trimestre escolar, seja possível avaliar seu sucesso? O que estamos propondo, como você comenta muito bem, não será alcançado em curto prazo. Porém, é possível identificar alguns incidentes críticos que assinalam em diferentes momentos o nível de sucesso. Uso o termo "incidente crítico" para me referir àquelas condutas, atitudes e/ou competências cuja presença no comportamento habitual – não apenas na sala de aula – é garantia de que avançamos corretamente. Indicam aquelas condições necessárias, embora não suficientes, que devem ser reunidas em cada nível e ao longo do período escolar e que, do ponto de vista dos professores, supõem um conjunto de aprendizagens que permitem esperar um desenvolvimento adequado para atingir os objetivos de longo prazo citados.

Compartilhar – o que significa atingir um bom nível de competências em âmbitos como, por exemplo, o conhecimento de si próprio e de seus sentimentos, a argumentação, a comunicação, a construção da autonomia pessoal em situações de interação social, a aceitação da existência da diversidade como algo valioso – não é fácil. E identificar as condições que, em cada momento evolutivo, devem reunir nossos alunos, também não.

Os professores e nós, os que trabalhamos em educação, geralmente tendemos a pensar que as mudanças e melhorias na educação e no nível da aprendizagem nas escolas dependem do estabelecimento de objetivos finais identificáveis clara e universalmente por todos. Também acreditamos que dependem dos esforços que professores e alunos façam para melhor alcançá-los. Provavelmente isso seja em parte verdadeiro, mas não é suficiente. É preciso também que a equipe docente de uma escola reconstrua novamente tais objetivos no seu contexto real de trabalho e leve em conta que tal contexto está mediado pela população escolar concreta com a qual trabalha, pelas famílias e suas condições de vida e pela comunidade na qual a escola se encontra.

Essa é a tarefa-chave da qual dependerá não apenas o sucesso de qualquer objetivo, mas também a identificação de indicadores – por exemplo, os incidentes críticos aos quais nos referimos –, de modo que façam sentido no contexto real de cada escola e que, por isso, possam ser motivo de discussão e trabalho compartilhado pelos professores e de centração no projeto educativo da instituição ou do território. Não se trata de propor uma mudança de currículo, mas uma mudança de olhar nos professores, que faça da escola um lugar onde se aprende além do que é proposto no currículo.

Trata-se de uma mudança na intenção do professor quando trabalha nas salas: não apenas ensinar e falar, mas também, e especialmente, conseguir que os alunos aprendam. E escutar, escutar muito o que dizem, e deixar que digam o que pensam; uma mudança com relação ao que é de fato importante no momento da avaliação de seus alunos, não apenas o que sabem, mas também como o utilizam na vida real e como atingem objetivos transversais como os que nós enfocamos. Uma mudança que requer que os docentes sejam competentes naquilo que todo bom professor sempre foi: ajudar a construir o conhecimento em seus alunos, confiar em suas potencialidades, cultivar seu esforço e contribuir para que sejam capazes de construir sua personalidade de modo autônomo em situações de interação social. Definitivamente, uma mudança que consolida a profissão

VALÉRIA AMORIM ARANTES (ORG.)

docente como profissão orientada para a regulação de processos e não tanto para o exercício do controle, do comando e do poder sobre estes.

Sonia Penin: Como se viu, para a reorientação dos objetivos educacionais, Miquel propõe ao professor um trabalho que considere três âmbitos: aceitar (não necessariamente aprovar) o mundo dos sentimentos dos alunos; desenvolver sua competência comunicativa e argumentativa; ajudá-los a construir matrizes de valores, demandando, por sua vez que o professor crie condições (logística) como: o cultivo e a valorização da autonomia da pessoa, o diálogo e a diversidade. Para dar conta desse trabalho, o autor considera a necessidade de o professor assumir três compromissos: o entendimento da docência como uma profissão e não um ofício, demandando enfrentar incertezas e tomar decisões; o desejo de não apenas fazer cursos de atualização, mas de buscar compreender as diferentes situações, para o que pode ajudar a formulação de projetos educativos de comunidade, de territórios, de escola; o empenho em desenvolver uma cultura de avaliação diagnóstica.

Muito adequada a diferenciação entre ofício e profissão. Que tipo de relação podemos estabelecer entre esses dois conceitos num curso de formação de professores em nível superior? A profissão necessariamente inclui o domínio do ofício? Hoje, em muitos estados brasileiros vivemos um quase paradoxo. Foi extinto por lei um curso que se aproximava mais de um ofício, o normal ou magistério, oferecido no final da educação básica, formando professores para trabalhar na educação infantil e nas primeiras séries do ensino fundamental. Hoje a formação de

94

professores para essas mesmas funções dá-se em nível superior, geralmente nos cursos de pedagogia. Tais cursos, formando profissionais da educação, têm seu currículo composto de uma base teórica bastante elevada, apresentando níveis diferentes do aprendizado de ofício.

Alguns estudos sugerem que os professores formados nos antigos cursos de magistério, com menor aspiração profissional, ensinavam melhor às crianças pequenas. A questão que se coloca hoje é se e quanto os cursos de pedagogia devem ensinar o ofício de professor, em detrimento de uma formação profissional mais alentada?

Miquel Martínez: A diferença entre ocupação profissional, ofício e profissão é muito importante, e vários autores já falaram sobre isso. O mestre ou o professor pode entender sua tarefa como uma ocupação profissional, com um horário e algumas obrigações mais ou menos padronizadas. Isso é bom, mas não é suficiente. Deve-se, além disso, dominar o ofício: conhecer determinados procedimentos técnicos e artesanais e estar formado naqueles conhecimentos e saberes que, sem dúvida, nossas escolas e faculdades de formação de professores cultivam com interesse e desenvolvem, na maioria das ocasiões, de modo satisfatório. Mas isso, do meu ponto de vista, também não é suficiente para ser um bom docente, um mestre, em sua acepção mais nobre e completa.

É necessário que o professor seja consciente de que sua tarefa supõe um compromisso social e ético de especial importância. Não se trata de ter trabalho, ocupação horária ou dedicação simplesmente. Trata-se de ser um bom conhecedor

VALÉRIA AMORIM ARANTES (ORG.)

de saberes e procedimentos e, além disso, ser competente ética e praticamente na tarefa de formação para a sustentabilidade pessoal, profissional e cidadã de seus alunos e da sociedade no seu conjunto. O rigor profissional e a formação pedagógica, psicológica e sociológica são fundamentais, mas não suficientes. É necessário que o profissional da docência – assim como os da justiça e os da saúde – se comprometa com sua tarefa na busca de uma sociedade mais inclusiva, justa e equitativa. As escolas e faculdades, e de modo especial os professores dessas instituições encarregadas de formar os futuros docentes, devem assumir em seus planos docentes que a formação dos professores é uma formação de profissionais com um alto sentido de responsabilidade profissional, ética e cidadã.

Os professores das escolas e faculdades poderão integrar essa dimensão no seu modelo formativo somente se contribuir para a formação de profissionais com tal dimensão e responsabilidade. Não se trata apenas de incorporar alguma disciplina de caráter obrigatório. Consiste, antes disso, em impregnar todo o currículo de formação teórica e, sobretudo, o currículo de formação prática de situações controversas social e eticamente. Situações que comportem aprendizagens pela via da prática, da observação e da reflexão e contribuam para uma formação adequada em competências éticas dos futuros docentes. Nesse sentido, é especialmente importante a formação nas instituições educativas por meio de práticas orientadas, ao mesmo tempo, por professores da própria escola de tais instituições e por professores da universidade. Convém que essas práticas sejam oferecidas ao longo de toda a carreira e não apenas no final dela, e também

PROFISSÃO DOCENTE: PONTOS E CONTRAPONTOS

que a orientação continue ao longo dos primeiros cinco anos de incorporação ao mundo do trabalho.

Em certas ocasiões – embora seja difícil aceitá-lo –, os professores formados na prática e que compareceram pouco às aulas universitárias são excelentes docentes, diferentemente daqueles que têm excelentes históricos escolares ou acadêmicos, formados em nossas universidades, que não conheceram a realidade e a tensão social e ética, mas presumem conhecer realmente a dinâmica de uma escola, uma sala de aula e um conjunto de famílias que esperam do docente mais do que o currículo oficial exige. Só o ensino e o modelo de vida do professor com experiência são capazes de formar naquele conjunto de saberes, atitudes e valores que a escola, algumas famílias e a sociedade – às vezes anônima, mas sempre presente – exigem.

É importante identificar esses bons professores para que os aprendizes – mestres do futuro – se formem complementariamente com o que nossas escolas e faculdades podem lhes oferecer. Convém identificar não apenas bons professores, mas também, e em especial, boas instituições, com as quais é necessário estabelecer os convênios que atendam a uma boa formação profissional de nossos docentes. Tal formação será impossível apenas com a participação das escolas e faculdades. A formação e o rigor profissionais são fundamentais, necessários e essenciais, mas não são suficientes. Por meio da sua ação, poderíamos formar bons profissionais da educação e até bons especialistas no ofício de ensinar bem, mas só com ela não é possível garantir a formação de bons docentes.

Acredito que um bom docente deve ter estudado e deve saber muito mais do que algum dia ele ensinará. Portanto, ter o máximo nível de estudos e máximo rigor e densidade cultu-

VALÉRIA AMORIM ARANTES (ORG.)

ral. Mas deve saber algo mais e ser competente como pessoa e profissional, muito além de ser um especialista em determinado saber. Deve ser capaz de enfrentar sua tarefa profissional com uma vocação de serviço à comunidade e com um sentido ético que apenas pode aprender em uma boa prática profissional – em um bom centro educativo –, como acontece com o especialista em medicina que só aprende a ser médico por meio da prática com outros bons médicos e em bons hospitais.

Sonia Penin: Ainda em relação aos três compromissos que o professor deve abraçar e à afirmação de Miquel de que trabalho colaborativo e cultura de avaliação levam tempo, é possível considerar o seguinte: a disposição para um trabalho colaborativo, assim como o desenvolvimento de uma cultura de avaliação, pressupõem a assunção da postura que se espera de um profissional. Ou seja, diante de um aluno que não aprende ou de uma classe da qual não se consegue a devida disciplina um profissional buscará uma solução, discutindo com seus pares, procurando conhecer as famílias dos alunos, e outras iniciativas. É o que se espera de um profissional. Para isso é preciso que haja um compromisso do professor com aqueles alunos, aquela escola, aquela comunidade e aqueles pais de alunos.

Pois bem, observa-se que os professores da educação básica no Brasil – que em grande parte pertencem a uma rede de ensino, estadual ou municipal – em geral se identificam como professor de uma rede de ensino e não de determinada escola, com nome, endereço e territorialidade definida.

O que propor para que seja possível desenvolver uma identidade profissional numa organização em que os professores são funcionários públicos com direitos assegurados legalmente, que não têm relação direta com os resultados do seu trabalho? Que tipo de demandas apresentar ao governo, ao legislativo, ao sindicato, aos docentes para que a identidade de um profissional possa ser mais bem entendida, estimulada e vivida pelos professores?

Miquel Martínez: Esse é um dos desafios mais complexos de se abordar, e a pergunta não tem uma resposta fácil. Governo, parlamento e sindicatos têm grande responsabilidade no tema, e suas ações de governo, iniciativas legais e posições como organizadores são fatores decisivos na busca de respostas adequadas aos problemas que afetam a qualidade do sistema educativo. A qualidade da educação é responsabilidade de todos os atores que nela intervêm, e as disposições legais podem gerar um conjunto de condições adequadas para tal objetivo ou dificultar sua conquista.

Convém que o docente considere a si próprio como professor de uma instituição, com nome e identificação. Convém que se sinta membro de uma comunidade e não um simples número de um corpo de funcionários, por mais prestigiado que seja o corpo em questão. Por isso, é bom promover a criação de equipes docentes estáveis e consolidar as equipes já existentes com incentivos pessoais e coletivos que afetem os docentes e os centros a título individual, e favorecer os melhores professores interessados em fazer parte das instituições que desenvolvam tarefas de inclusão social relevantes ou que atendam populações com necessidades educacionais especiais. Isso significa promover discriminação positiva, melhorias salariais e estímulos na conquista de objetivos – não apenas no que se refere a produto, mas sobretudo no que diz respeito a processos – a favor dos professores que se envolvam

VALÉRIA AMORIM ARANTES (ORG.)

e assumam compromisso com a melhoria da qualidade de vida e da educação de comunidades e populações concretas por um período razoável de tempo; por exemplo, um mínimo de cinco anos. Essas ações devem afetar escolas públicas e particulares com vontade e prática de prestação de serviços. Nesse sentido, seria conveniente estabelecer limites legais que permitissem contratos de produtividade por objetivos, em termos de processos para cada escola e comunidade, e sistemas de avaliação dos quais a comunidade participasse por meio de seus agentes sociais, culturais e econômicos e não apenas os docentes e as famílias dos alunos.

Toda a nossa proposta só será possível se a figura da direção das instituições for reconhecida socialmente e estimulada profissionalmente. Não se trata, de modo algum, de promover uma direção afastada da realidade pedagógica e especialista somente na gestão de recursos humanos e econômicos. Trata-se de saber atrair os melhores docentes, com condições pessoais de ser diretores, para que, por meio da formação necessária para a direção de instituições educativas e gestão do professorado, possam ser reconhecidos como referências pela comunidade mais próxima e bons exemplos na gestão de equipes humanas de professores e educadores a serviço de uma escola inclusiva, integrada na dinâmica da comunidade e ambiciosa na procura de bons resultados acadêmicos dos seus alunos. Diretores e diretoras que proporcionam confiança às famílias, aos líderes da comunidade e aos agentes econômicos, sociais e culturais de cada lugar.

Para que todo o supramencionado seja possível, é preciso que o governo saiba que a sociedade que não prestigia/reconhece seus professores e não presta atenção à função de liderança pedagógica e social que a direção das instituições deve desenvolver

PROFISSÃO DOCENTE: PONTOS E CONTRAPONTOS

nas escolas é uma sociedade terminal em um mundo altamente competitivo, basicamente instrumental e excessivamente individualista como o nosso. Essa é uma aposta de especial interesse para as escolas públicas ou as escolas particulares comprometidas com a conquista de uma sociedade mais justa e inclusiva. Nelas, a tarefa dos docentes e de seus diretores pode ser um fator de bem-estar e qualidade de vida e, consequentemente, de mais qualidade da educação, mais progresso social individual e comunitário e mais equidade.

A qualidade da educação não pode ser alcançada se reparamos apenas em atuações individuais. Ela não é possível sem equidade, e não é fácil conseguir equidade com modelos de escolas que apostem apenas em formar pessoas hábeis e abandonem uma de suas tarefas fundamentais: formar obviamente pessoas hábeis, mas também boas pessoas. Para isso, é necessário que os professores e a direção das instituições participem de um projeto compartilhado que suponha integrar, de um lado, a formação de seus alunos para uma adequada incorporação ao mundo do trabalho ou do estudo em nossa sociedade da informação e as tecnologias nas melhores condições possíveis, e, por outro, a formação de alunos para o exercício de uma cidadania ativa em uma sociedade diversa e plural como a que caracteriza nosso século.

Tudo isso pressupõe mudar a cultura docente e também a cultura do trabalho dos docentes. Pode até significar uma renúncia a direitos para atingir objetivos comuns, difíceis de alcançar com uma cultura excessivamente individual, resistente à autocrítica e receosa em aceitar avaliações internas e externas, que caracteriza amplamente a cultura atual do docente. Nessa mudança, não são suficientes ações dos governos ou dos parlamentos. É necessária também corresponsabilidade por parte dos diversos agentes e organizações sociais e sindicais e, logicamente, dos próprios profissionais da educação e dos docentes. Nesse sentido, são fundamentais o compromisso e as ações dos sindicatos e os movimentos de renovação pedagógica.

Sonia Penin: Miquel lembra a feliz afirmação de Manuel Castells segundo a qual vivemos não uma época de mudanças, mas uma mudança de época. Mudança de época pressupõe ruptura e não apenas evolução nas ações políticas, sociais e cotidianas. Exceto os poucos exemplos de revoluções políticas, que realizam rupturas radicais nas práticas econômicas e sociais, os países democráticos costumam realizar de forma gradativa as mudanças educacionais. O nível da vida cotidiana, onde ocorrem as relações sociais, detém uma singularidade própria, na qual as "verdades" científicas/tecnológicas/legais/políticas são trabalhadas e vividas com uma lógica que demanda conhecimentos e cuidados específicos.

Nesse sentido, pesquisas indicam que mudanças, por exemplo, na legislação educacional em nível federal, regional ou institucional não alcançam ou não são cumpridas ou o são de maneira apenas simulada no cotidiano de uma significativa parcela das escolas. Igualmente, teorizações da comunidade científica, mesmo que legitimadas no discurso de muitos professores, não chegam a modificar-lhes as práticas. As diferenças entre teoria/legislação e prática podem ainda ser mais profundas se os sindicatos tomam partido nelas. Como entender e lidar com o sentido de mudança de época e as especificidades do ritmo de mudanças da vida cotidiana escolar no contexto de uma grande parte dos países democráticos?

PROFISSÃO DOCENTE: PONTOS E CONTRAPONTOS

Miquel Martínez: Não é fácil, como você aponta muito bem, liderar o tipo de mudanças às quais nos referimos. Porém, é necessário, e acho que possível; com paciência, já que esse tipo de mudança é lento, e com confiança nos docentes e na sua tarefa. Muitos professores vêm aprendendo ao longo da sua vida profissional, há muito tempo, e têm modificado de maneira bastante eficaz sua forma de trabalhar, bem antes que falássemos da sociedade da aprendizagem e da formação continuada. Mas a mudança de época que vivemos nas últimas décadas mostra uma aceleração que comporta mudança de modelo formativo e reestruturação do que significa ter um bom nível de formação, como já comentamos anteriormente. Tais mudanças e reorganizações devem afetar a escola e a tarefa dos docentes e não podem depender da boa vontade deles ou de que alguns estejam dispostos e outros não. Mas não podem ser responsabilidade exclusiva da escola e de seus profissionais.

Algumas dessas reorganizações e mudanças afetam o tipo de aprendizagem escolar e a forma como se produz o aprendizado, mas outras afetam a construção da personalidade de crianças e jovens. Esta última se constrói melhor – provavelmente, de forma necessária – quando família, escola e sociedade compartilham e defendem os mesmos critérios pedagógicos e educativos. Na nossa sociedade, essa continuidade educativa não é fácil de alcançar sem que todos e cada um dos agentes da educação que incidem na formação das gerações mais jovens estejam de acordo. O necessário e recomendável a respeito da diferença e da pluralidade de crenças e sistemas de valores presentes em sociedades plurais e diversas como as nossas não deve ser um obstáculo para avançar na busca de critérios pedagógicos comuns mínimos.

VALÉRIA AMORIM ARANTES (ORG.)

Nesse sentido, seria conveniente que a mídia concentrasse esforços em oferecer uma imagem da tarefa do docente, dos docentes e das escolas na qual se destacassem suas contribuições e se reconhecesse seu compromisso com a educação e a melhoria da sua qualidade. Não se trata de oferecer uma imagem idílica e irreal, mas de aproveitar todo o trabalho positivo que os docentes realizam para oferecer uma visão mediática ajustada à realidade, que gere confiança nas famílias e na sociedade em geral e que promova reconhecimento social e autoestima nos docentes. Essa não é uma questão menor.

Atualmente, os meios de comunicação têm um poder formador de opinião muito grande. Entre outras questões, quero destacar algumas nas quais eles podem ser eficazes. São questões de especial importância para o mundo da educação, e podem contribuir para facilitar a tarefa dos docentes e para chegar à mudança de cultura que propusemos. Alguns docentes devem mudar a maneira como abordam sua profissão, mas as famílias e a sociedade também devem mudar sua forma de entender a educação e a valorização e reconhecimento que fazem da tarefa dos docentes e de sua autoridade. É preciso mais profissionalismo e responsabilidade dos docentes e, ao mesmo tempo, uma atitude mais ativa das famílias e da sociedade em geral com relação a algumas questões básicas na formação da personalidade de seus filhos e cidadãos mais jovens.

Concretamente, refiro-me a que famílias e sociedade acreditem na importância da escola para a formação de seus filhos e tenham confiança em sua tarefa. Isso requer alianças − não isentas de autocrítica e de crítica − que reúnam objetivos e evitem acusações cruzadas de ineficácia e de falta de comprometimento

PROFISSÃO DOCENTE: PONTOS E CONTRAPONTOS

entre famílias, sociedade e escola. Também me refiro a que tanto uns quanto outros apreciem o exercício de uma adequada autoridade por parte dos docentes na sua tarefa e que, de maneira especial, as famílias reconheçam que sua tarefa e a dos professores não poderão alcançar nenhum objetivo desejável se a autoridade dos docentes for questionada de maneira sistemática no ambiente familiar.

Mas, além de confiar na importância da escola e na necessidade de um bom exercício de autoridade por parte de docentes e dos pais, convém adotar estilos de vida familiares que estejam de acordo com alguns valores mínimos compartilhados entre família e escola e garantam, assim como manifestamos em outros momentos, a formação de pessoas autônomas e capazes de construir sua vida de modo sustentável, tanto individualmente quanto nos planos profissional, comunitário e cidadão. As transformações que caracterizam nossa mudança de época consistem, no âmbito pedagógico, em que o importante não é só preparar para um trabalho ou para estudos superiores, mas preparar para um trabalho e para aprender a aprender de forma autônoma e contínua ao longo da vida. Não é apenas formar cidadãos que têm direitos e deveres, mas cidadãos ativos, capazes de tornar nosso mundo mais justo e equitativo. Não é apenas formar pessoas de acordo com uma matriz ou escala de valores única e predeterminada pelas gerações adultas, mas capazes de construir sua escala ou matriz de valores de maneira autônoma e em situações de interação social fundamentadas na autonomia pessoal, a conquista do bem comum e o respeito à diversidade para alcançar uma sociedade de liberdades mais inclusiva e coesa.

VALÉRIA AMORIM ARANTES (ORG.)

Para isso, e por último, duas das questões que acredito que merecem mais atenção são a educação na responsabilidade pessoal desde a primeira infância e a formação de pequenos hábitos que, tanto no âmbito familiar quanto no escolar, podem ser aprendidos de forma eficaz.

Em alguns setores da sociedade, o excesso de bens ao alcance das gerações mais jovens e o contraste com as possibilidades de amplos setores da população menos ou nada acomodada recomendam uma educação diferente nas esferas familiar, escolar e nos ambientes que propiciam os meios e as tecnologias da comunicação. É necessária uma educação baseada na austeridade, no consumo responsável e na aceitação de limitações e contrariedades, que só é possível a partir de um convencimento profundo de que tais critérios são necessários para a consolidação de uma sociedade mais competente e, sobretudo, mais humana e digna. Em todos esses objetivos a ação dos docentes deve estar acompanhada pela ação das famílias e dos meios de comunicação. Todo investimento orientado para a promoção de políticas públicas sobre família e infância que contribuam para proporcionar tempo para a educação e a atenção das gerações mais jovens é um investimento que contribuirá não apenas para uma melhoria da qualidade de vida da população em médio e longo prazos, mas também para uma maior competitividade dos países que a promovam e para uma maior qualidade de vida e equidade na população em seu conjunto.

Mas, além disso, é necessário algo mais. Antes, falávamos do exercício necessário de corresponsabilidade por parte das organizações sindicais e pedagógicas dos docentes: sindicatos e movimentos de inovação pedagógica.

PROFISSÃO DOCENTE: PONTOS E CONTRAPONTOS

Existem sindicatos que limitam sua função à defesa dos interesses individuais de seus afiliados, de seus direitos trabalhistas e econômicos. Provavelmente é uma função legítima, mas não necessariamente responsável do ponto de vista ético e social. Só o será se tal defesa contribuir para o bem comum e, em nosso caso, para a melhoria da qualidade da educação, entendida como indissociável de mais equidade social e mais inclusão. Alguns sindicatos, organizações e movimentos de renovação pedagógica entendem que sua tarefa não se esgota na defesa de interesses particulares, e sim que consiste em promover transformações sociais e políticas que possibilitem uma sociedade mais justa e equitativa não só para seus afiliados. Esse é o modelo de sindicato e de filosofia que a partir dos governos, dos parlamentos e da sociedade devemos propor para tornar possíveis aquelas mudanças na cultura de docência e de trabalho dos professores que possibilitem abordar na escola os temas sobre mais qualidade em educação e mais equidade social.

Por último, é importante saber que as ações relacionadas com as mudanças que propusemos não podem ser propostas, planejadas nem desenvolvidas de forma satisfatória à margem do contexto e das culturas dos docentes. Estudos como os desenvolvidos desde o ano 2000 por Juan Carlos Tedesco e Emilio Tenti mostram que, apesar de os docentes compartilharem pontos de vista sobre vários assuntos – incluindo a definição social da sua profissão –, seus valores, atitudes e aspirações podem diferir consideravelmente em muitos outros assuntos. Os planos ou programas para docentes da Europa não servem, por exemplo, para os do Brasil. É necessário contextualizar as políticas de promoção e mudança de cultura docente no contexto de cada comunidade e cultura. Por meio de pequenas mudanças e pequenas melhorias, alcançaremos com maior eficácia e segurança mudanças difíceis de abordar quando são propostas em âmbito universal.

PARTE III
Entre pontos e contrapontos

Sonia Penin
Miquel Martínez
Valéria Amorim Arantes

Valéria: Caros colegas Sônia e Miquel, recentemente tive o prazer de ouvir uma brilhante conferência do professor Lee Shulman, professor emérito da Universidade de Stanford (EUA).

Nessa conferência ele salientou, reiteradas vezes, a importância de que os professores estejam preparados não apenas para planejar e enfrentar situações rotineiras da sala de aula, mas também para lidar com o imprevisível, com a surpresa. Nesse sentido, a prática docente pressupõe a interessante tensão entre a *regularidade* (aquilo que é do cotidiano, do dia-a-dia da escola) e a *incerteza*.

Gostaria que vocês comentassem essa ideia e, em especial, apontassem caminhos que favorecessem práticas docentes que fazem jus a essa articulação.

Miquel Martínez: Certamente, a tarefa docente encontra--se na encruzilhada de dois tipos de conhecimento: o técnico e científico e o intuitivo e derivado do conhecimento baseado em outras experiências. Em algum momento de nosso texto, fizemos referência a isso. Mas, sem dúvida, é conveniente enfatizar que as coordenadas que norteiam as ações pedagógicas – ou seja, as que se baseiam no conhecimento sobre a educação ou pedagogia – também vão do previsível e regular ao inesperado e incerto. A

VALÉRIA AMORIM ARANTES (ORG.)

relação comunicativa que se estabelece entre educando e educador em toda interação educativa é, em si, informação – e, portanto, regularidade e incerteza. Regularidade na medida em que toda ação educativa pretende criar ordem, no sentido informacional e cibernético do termo; incerteza na medida em que os fatores que incidem sobre ela não são controlados ou predeterminados nem pelo educador nem pelo educando.

Por isso, a tarefa docente é, ao mesmo tempo, um trabalho artesanal e técnico. E convém que siga sendo assim e que os docentes a apreciem na sua dupla dimensão como uma tarefa atrativa. Uma tarefa complexa, mas especialmente humana e social, que, simultaneamente, reúne incerteza e pode deixar de lado a busca de regularidade. Uma tarefa que deve saber oferecer recursos para encontrar soluções e não tanto oferecer respostas. Sua função, como já foi dito, não é a de um mapa – que localiza um lugar do espaço claramente coordenado –, mas a de uma bússola, que oferece informações para que nos orientemos e encontremos a nós mesmos. É preciso, nesse sentido, que o docente saiba discernir, na sua tarefa, o que é importante e o que é somente urgente.

Ao longo dos anos, cada vez estou mais convencido do que em meus primeiros trabalhos acadêmicos me atrevia a formular graças aos ensinamentos de Alexandre Sanvisens, professor de muitas gerações de pedagogos na Espanha e catedrático de Pedagogia Geral da Universidade de Barcelona até sua morte, em 1995. A educação e a prática pedagógica supõem sempre situações de grande complexidade. Por isso, só com base em uma racionalidade complexa podemos analisar, descrever e compreender a educação e orientar a sua prática. O enfoque sistêmico e cibernético que da

PROFISSÃO DOCENTE: PONTOS E CONTRAPONTOS

mão de Sanvisens foi incorporado, nos anos 1970, à construção do conhecimento em teoria da educação e seus desdobramentos posteriores – entre os que merecem destaque estão os trabalhos de Antoni. J. Colom, catedrático da Universitat de les Illes Balears, em Palma de Mallorca – são referências que se devem consultar sobre o tema[16]. Desde essas primeiras afirmações na elaboração da minha tese, na qual tentava formular uma aproximação sistêmica e cibernética para os conceitos de inteligência e de educação, e ao longo dos meus trabalhos posteriores sobre a escola e a educação[17] – especialmente no âmbito do desenvolvimento moral, da aprendizagem ética e da educação em valores democráticos – e sobre a função do professorado e de sua formação, cada vez constatei com mais clareza que existem dois problemas que vêm do passado e ainda hoje são autênticos obstáculos ao avanço da compreensão da educação baseada na complexidade.

Um dos problemas da educação e da construção de conhecimento sobre ela foi a excessiva fragmentação à qual foi submetida a realidade educativa, sob o pretexto de que assim sua compreensão seria mais científica e saberíamos orientar melhor nossa ação. Não só isso nem sempre é verdadeiro – basta pensar nos disparates que o uso ou o mau uso do método experimental gerou ao descobrirmos partes de uma realidade que deixa de ser precisamente a que era ao fragmentá-la – como também promoveu nos docen-

---

16. Entre as primeiras obras de Alexandre Sanvisens: Sanvisens, A., "Métodos educativos", *Revista Española de Pedagogía*, Madri, n. 118, abr.-jun. 1972. Entre as últimas de Antoni J. Colom: Colom, A. J.; Rincon, J. C., *Narrativitat, ciència i educació*. Barcelona: Institut d'Estudis Catalans, 2007.

17. Martinez, M., *Inteligencia y educación*. Barcelona: PPU, 1986.

VALÉRIA AMORIM ARANTES (ORG.)

tes uma forma de olhar para a educação que destaca o simples e o concreto, porque assim se torna mais fácil intervir e fazê-lo de acordo com regularidades estabelecidas ou conhecidas. Esse modo de olhar é ainda construído excessivamente nos centros de formação de professores. No entanto, a realidade educativa é um todo – não uma soma de partes –, e os fenômenos educativos devem ser tratados como situações complexas nas quais a regularidade deve ser atendida e a incerteza também.

O segundo dos problemas está relacionado com a pluralidade de disciplinas e saberes que centraram sua atividade na educação e na prática pedagógica. Entre outras, a sociologia, a psicologia e, desde o início, e cada vez mais, a biologia. Essa preocupação e essa dedicação permitiram avanços notáveis em nosso saber sobre a educação sob as diferentes perspectivas de análise, ou seja, sobre as relações interpessoais e grupais, sobre os processos de desenvolvimento e aprendizagem, sobre os processos de amadurecimento, a memória e o cérebro ou sobre as alterações na personalidade e na aprendizagem, por exemplo.

Porém, tal avanço não foi suficientemente acompanhado por um exercício de integração e construção teórica sobre a educação que suponha ir além de uma simples justaposição de saberes com formato de interdisciplinaridade e que seja capaz de propor pautas para a ação pedagógica baseada no reconhecimento da complexidade das realidades educativas. Novamente, os espaços de formação inicial dos atuais docentes são fundamentais para compreender o efeito desse problema, a princípio mais relacionado com o desenvolvimento de cada disciplina que com a prática pedagógica. Se nos centros de formação não se dedica tempo à reflexão teórica e à construção do discurso sobre a realidade educativa e a prática pedagógica, por mais que nossos docentes se preparem nas diferentes ciências da educação, não serão capazes de analisar profundamente a complexidade que caracteriza a educação e a sua tarefa. Uma questão igualmente importante: estamos, os formadores dos futuros docentes, em condições de dar exemplo com a nossa prática e abordar com base na complexidade a nossa tarefa? E, se não for assim, que fazer a respeito?

Obviamente, refiro-me a um espaço de reflexão teórica que parte de uma concepção sobre a teoria da educação que a compreende na sua dimensão mais pragmática e funcional. Uma teoria centrada em dar conta da prática educativa e em estabelecer pautas para sua otimização e que tem como principal objetivo aprofundar-se no que é educativo e em como melhorá-lo na prática.

Para superar os dois obstáculos citados, é necessária uma mudança de olhar do docente, como professor e como pessoa que analisa e pensa a educação visando melhorar a sua prática. Uma mudança de olhar que permita convencer-se de que é possível abordar de forma complexa as situações complexas e, concretamente, os fenômenos educativos. Uma mudança de olhar que supõe um deslocamento da reflexão do docente sobre sua docência à do docente como educador em uma escola e em um território – contexto –, não apenas na educação formal e regrada, mas também na não-formal e na informal.

Algumas práticas docentes no processo de formação de docentes e nas próprias salas de aula podem ajudar mais que outras nessa transformação do olhar de maneira complexa e da construção teórica de conhecimento sobre o educativo e o pedagógico. Citarei na sequência algumas das ações que, do meu ponto de vista, conviria promover a esse respeito.

VALÉRIA AMORIM ARANTES (ORG.)

- Combinar formação teórica e reflexão sobre a prática desde os primeiros momentos da formação inicial.

- Evitar a fragmentação da realidade educativa e conservar sua globalidade em todo o processo de análise, descrição e compreensão, prestando especial atenção às relações entre os diferentes fatores que a conformam e ao caráter multifatorial dos fenômenos sobre os quais seja importante intervir em nível interpessoal, na sala de aula e na escola.

- Intensificar processos de docência e aprendizagem baseada em problemas (ABP) na formação inicial dos docentes, combinando a aprendizagem de conteúdos relativos à integração de tecnologias da informação, à comunicação e à documentação, à atenção à diversidade cultural e às necessidades educativas especiais com a gestão do comportamento, a disciplina e o controle da sala como espaço de convivência e aprendizagem.

- Estimular a constituição, reservando o espaço de trabalho correspondente, de comissões que permitam, de forma natural e habitual, compartilhar os problemas da prática, trocar opiniões e propor soluções compartilhadas – trata-se de promover espaços para a construção colaborativa do conhecimento pedagógico no contexto natural de trabalho dos docentes por níveis ou etapas, segundo convenha e em função de cada escola.

- Integrar, na formação inicial do docente, aprendizagem de conteúdos que relacionem ciência, tecnologia, valores, sociedade, desenvolvimento e sustentabilidade.

- Garantir maior densidade cultural na oferta formativa dos docentes – na inicial e na continuada –, principalmente no que se refere às novas e clássicas áreas humanas: literatura, cinema, economia, ética, problemas e desafios atuais da ciência... Definitivamente, garantir espaços de formação que se aproximem de disciplinas que requerem pensar complexamente sobre realidades complexas, que combinam regularidade e incerteza.

Sonia Penin: Incerteza é uma palavra recorrente na caracterização da contemporaneidade, ao lado de outras como complexidade, rapidez, fragmentação etc. Em geral, tais palavras aparecem no contexto do que tem sido chamado discurso pós-moderno, que examina as profundas mudanças que ocorrem nas diferentes dimensões da vida, questionando as metanarrativas – grandes esquemas explicativos do homem e do mundo – que buscam compreender a realidade por meio de teorias explicativas mais abrangentes e totalizadoras. A frase de J. Baudrillard "a revolução contemporânea é a da incerteza" mostra como essa palavra contém crenças que se fortalecem na atualidade, no rastro dos acontecimentos mundiais do final do século XX e começo do XXI.

Não entrando na discussão de se devemos ou não abandonar as metanarrativas ou revisitá-las de outra forma, é possível tomar como suposto a existência de muitos aspectos da vida atual em que as incertezas abundam. É possível colocar no centro dessa tendência os avanços científico-tecnológicos – em especial o digital-comunicacional, que promove mudanças profundas no mundo do trabalho e da cultura, assim como na vida cotidiana, induzindo igualmente transformações radicais nas instituições educacionais, quer as de nível superior, formadoras de profissionais em geral, quer nas escolas básicas de formação dos cidadãos.

No âmbito da educação, a história mostra que o processo educativo veio se transformando ao longo do tempo, de modo natural ou incentivado, mas na atualidade as mudanças se tornaram demasiado amplas, profundas e frequentes em qualquer aspecto que se examine. Muitas delas são muito bem-vindas, aliás, perseguidas – como o aumento da percepção das diferenças entre os alunos, no momento em que se almeja o atendimento escolar com qualidade para toda a população. Outras mudanças nos chocam, como o aumento da violência na sociedade brasileira, com consequências no interior das escolas. Além disso, a diferenciação e a grandeza das ocorrências, assim como a maneira como novos fenômenos aparecem, muitas vezes em combinações de cunho tão diversificado, tornam cada vez mais precário formular explicações baseadas quer em teorizações/narrativas já estabelecidas, quer em qualquer tipo de generalização.

Nesse contexto, é assaz pertinente a ênfase dada pelo professor Lee Shulman à importância de os docentes estarem preparados não apenas para planejar e enfrentar situações rotineiras da sala de aula, mas também para lidar com o imprevisível. Se a tensão entre a *regularidade* e a *incerteza* no âmbito da educação em alguma medida sempre ocorreu, na atualidade toma um sentido mais enfático, dado que todos os aspectos da civilização atual (econômico, técnico, social, comunicacional etc.) rapidamente se modificam, às vezes de forma drástica.

Se, diante da dificuldade em identificar qualquer momento histórico e, portanto, também o que vivemos, sem o uso de explicações meta e/ou totalizadoras, parece apropriado, pelo menos, colocar em questão teorias, princípios e conceitos; afinal, alguns deles foram criados em situações muito diferentes das atuais e perderam mesmo a validade. Melhor, nesse caso, é se firmar, mais do que em crenças, em valores que em geral carregam uma carga de pertinência mais permanente e significativa à vida humana. Justiça e liberdade são valores que continuam atuais; já a igualdade talvez precise ser discutida e trabalhada junto com um novo valor, a equidade. Continua difícil ao ser humano compreender e aceitar uma justiça que não diga respeito apenas aos seus interesses individuais e de grupo. Os movimentos sociais, os sindicatos foram criações importantes dos tempos modernos, pois contestaram os lugares de poder clássicos, mas certamente precisam ser confrontados com outros novos lugares, assim como com a coletividade.

Quanto a caminhos que favoreçam práticas docentes que façam jus a articulação e/ou tensão entre regularidade e incerteza, começo retomando a crença que já manifestei a respeito da singularidade dos acontecimentos, no caso, os que ocorrem na especificidade de uma escola e de uma sala de aula. A composição dos sujeitos presentes, seu perfil social e mesmo suas idiossincrasias, a forma como cada sujeito representa os demais (professor/a, alunos/as), as condições escolares e de ensino, o clima interpessoal e da sala de aula, as condições de trabalho do professor, a conjuntura sociopolítica e cultural local e mais ampla, entre outras características, afetam uma aula e todo o ensino numa escola. A singularidade dos acontecimentos e a complexidade dos contextos são duas características que necessariamente impõem incertezas à atividade de ensino.

As certezas no ensino ocorrem mais por conta das finalidades e dos objetivos educacionais. Assim, ter clareza do objetivo final que se quer alcançar em cada aula ou situação, ou ainda num curso completo, é uma demanda que se mantém na prática docente. Tudo mais pode e deve ser modificado para melhor cumprir esse desiderato. Dessa forma, a atitude investigativa do docente diante de uma situação, que sempre será "problema", é o que melhor se

VALÉRIA AMORIM ARANTES (ORG.)

pode sugerir para enfrentar as incertezas quer de uma sociedade, quer de uma sala de aula. Junto com o espírito investigativo, a atitude de buscar junto – com os colegas, alunos, outros interlocutores significativos, leituras diversas – parece fundamental. Nessa empreitada, as habilidades e competências se desenvolvem melhor e as possibilidades de sucesso sobre os objetivos se ampliam. A crença nesse processo é quase uma certeza.

Valéria: Gostaria de retomar uma ideia que Miquel traz logo no início de seu texto: a importância de modificar qualitativamente algumas práticas, em especial aquelas que comprometem o *bem--estar dos docentes*. Para tanto, trarei alguns dados que, a meu ver, dão visibilidade a um dos grandes problemas que enfrentamos na educação brasileira.

Há alguns anos, a Confederação Nacional dos Trabalhadores em Educação (CNTE) realizou uma pesquisa sobre a saúde mental dos profissionais da educação, professores de todos os níveis e redes de ensino de dez estados brasileiros. Nesse estudo, um dado que chama atenção é o fato de 22,6% dos professores já terem pedido afastamento por licença médica, sendo que cada licença significou, em média, três meses de ausência da instituição escolar. Na rede de ensino público do estado de São Paulo, por exemplo, foram registradas aproximadamente 30 mil faltas diárias e aproximadamente 140 mil licenças médicas durante o ano de 2006. A realidade das escolas públicas do Distrito Federal não é diferente: aproximadamente 46% dos professores solicitaram licença médica durante o ano letivo. Somado a esses números, um estudo realizado em 2007 pelo Sindicato dos Professores do Estado de São Paulo (Apeoesp) revelou que 31,4% dos professores estão

PROFISSÃO DOCENTE: PONTOS E CONTRAPONTOS

insatisfeitos com a profissão. Dos 721 professores ouvidos, 7,9% consideraram-se muito insatisfeitos.

Não conheço os dados específicos da Espanha, mas talvez não sejam tão diferentes, mesmo que com características distintas. Acho que seria de grande valia se vocês pudessem tecer alguns comentários sobre esses alarmantes números – que, de alguma maneira, são sinais de adoecimento, sinais de como o trabalho docente pode contribuir para o desenvolvimento de doenças. Ou não? O que vocês acham? Que leitura fazem desses dados? E como podemos mudar esse cenário?

Miquel Martínez: Já há algum tempo – a partir dos anos 1970 em geral e na década de 1980 no caso dos docentes – o mal-estar profissional e a síndrome de *burnout* (ou esgotamento profissional) geraram artigos na imprensa e também estudos especializados e pesquisas. No entanto, continua sendo um termo que nem sempre é utilizado adequadamente. Convém ter prudência ao generalizar percepções sociais sobre o grau de satisfação ou insatisfação com o qual os docentes vivem sua profissão. Sobretudo, se associamos de maneira sistemática as baixas por doença às situações de esgotamento profissional. Um estudo recente de Jordi Longas, da Universitat Ramon Llull de Barcelona[18], reuniu diferentes relatórios sobre baixas trabalhistas do professorado por doença. Em um desses relatórios, publicado no ano 2000 e

---

18. Longas, J., "La síndrome d'esgotament professional i el professorat a Catalunya". In: Ferrer, F.; Albaigés, B. *L'estat de l'educació a Catalunya. Anuari 2006.* Barcelona: Editorial Mediterrània i Fundació Jaume Bofill, 2008. Politiques, 61, v. II, p. 287-325.

VALÉRIA AMORIM ARANTES (ORG.)

elaborado por um dos sindicatos mais importantes da Espanha, Comisiones Obreras (CCOO), afirma-se que 25% dos docentes do ensino fundamental e médio se ausentam do trabalho por doenças respiratórias, relacionadas com a voz, lesões musculares ou musculoesqueléticas e alterações psicológicas, e que o número de ausentes por transtorno psicológico é de 3%. Outro relatório elaborado em 2003 afirma que 61% dos docentes do ensino fundamental e 39% dos docentes do ensino médio tinham sido afastados por doença nas últimas séries, com uma média de 29,4 dias por baixa. No mesmo estudo, estima-se que 35,7% das faltas sejam devidas a infecções respiratórias, 11% de natureza psicológica e 4,4%, de caráter fonoaudiológico. Outros relatórios afirmam que entre 3% e 4% dos docentes na Espanha padecem de esgotamento profissional grave e que entre 25% e 40% padecem de leve, isto é, apresentam sintomas de risco ainda que estes não os incapacitem de trabalhar. Em consequência disso, e com a prudência que comentávamos, pode-se afirmar que, mesmo que nem todas as faltas dos docentes se devam ao esgotamento profissional, um grande número de ausências se deve a isso. Além disso, a percepção do professor sobre a satisfação ou insatisfação com que vive sua profissão é um tema-chave na melhoria da qualidade da educação, das escolas e da tarefa dos docentes.

As psicopatologias do trabalho mais reconhecidas dos docentes são, segundo a maioria dos estudos, o estresse, o esgotamento profissional e o assédio psicológico. Se nos centramos nas duas primeiras, podemos constatar – assim o afirmam os estudos sobre o tema – que o docente que experimenta esgotamento profissional – ou seja, "estar esgotado" ou *burnout* – geralmente sofreu situações prévias de estresse e, com frequência, se não supera a situação, acaba apresentando quadros depressivos. O estresse é um processo que se desencadeia por um desequilíbrio entre a demanda que experimenta uma pessoa e os recursos de que ela dispõe. Se a pessoa se encontra sobrecarregada, demonstra sensações corporais, sentimentos e pensamentos que geram mal-estar e são o princípio de um transtorno de esgotamento profissional. A falta de formação para saber abordar a tarefa, nem sempre regular e com frequência incerta na sala – tal e como comentávamos antes –, e a falta de apoio para dispor de tempo e adquirir mais formação para estar em melhores condições de superar as novas realidades que aparecem cada vez de forma mais acelerada no mundo da escola e da educação são dois dos fatores que podem desencadear processos de estresse negativo – distresse – e ser o princípio de um processo de esgotamento profissional no docente.

O esgotamento profissional inicia-se com a sensação e a autopercepção de mal-estar em diferentes níveis, incluído o nível físico; provoca fadiga, distanciamento emocional, falta de sensibilidade e de empatia, além de avaliação negativa de resultados profissionais. Definitivamente, um conjunto de sintomas, uma síndrome que se manifesta com maior frequência nos profissionais que atendem a pessoas, ou seja, do mundo dos serviços sociais, da educação e da saúde, e que, precisamente pela sintomatologia que a caracteriza, gera uma diminuição da autoestima do profissional e uma diminuição certa e progressiva de sua competência profissional. Trata-se de uma psicopatologia do trabalho que está sempre relacionada com a percepção por parte da pessoa que dela padece – em nosso caso, o docente – e que está submetida a certas exigências de trabalho excessivas, às quais não pode reagir adequadamente. Mas é uma síndrome que se constrói pela maneira como o profissional – o docente – vive sua tarefa. Obviamente, é preciso observar primeiro se realmente as exigências trabalhistas são excessivas. Se o são, terão de ser corrigidas, visto que as consequências para o docente como trabalhador e para o sistema educacional são realmente muito negativas. Mas, inclusive se não forem, como ocorre na Espanha, terão de ser criadas as condições necessárias para aumentar o bem-estar do docente no exercício de sua tarefa.

Segundo um estudo recente sobre os professores da Catalunha[19], do qual participamos e que pode generalizar-se ao conjunto da Espanha, 83% dos docentes estão satisfeitos ou muito satisfeitos com o calendário trabalhista, 72% com os horários e 63% com a possibilidade de obter licenças, afastamentos ou redução de horário e abonos. Os valores atribuídos a esses indicadores são 4, 3,8 e 3,7, com o máximo de 5, respectivamente. Também existem indicadores que mostram níveis de insatisfação ou de pouca satisfação, como a progressão salarial, que é pouca em nosso país, e a promoção profissional, que alcança valores de 2,6 e 2,9, com o limite de 5. No entanto, existem problemas com relação ao exercício da docência e ao bem-estar profissional dos professores.

Assim, podemos constatar que, enquanto os docentes avaliam positivamente suas condições de trabalho, o mesmo não acontece no que se refere à valorização social de sua profissão, que 67,5% da categoria consideram subestimada, apesar de famílias

---

19. Pedró, F. (org.), *El professorat de Catalunya*. Barcelona: Editorial Mediterrània i Fundació Jaume Bofill, 2008. Politiques, 62, p. 210-252.

PROFISSÃO DOCENTE: PONTOS E CONTRAPONTOS

e alunos a avaliarem como satisfatória ou muito satisfatória. Da mesma forma, os professores mostram um estado de desânimo notável quando 59,4% dele consideram que o funcionamento geral do sistema de educação obrigatória é insatisfatório ou muito insatisfatório.

Na Espanha, o docente está satisfeito do ponto de vista trabalhista com sua profissão, mas, em contrapartida, não é consciente nem tem uma percepção adequada de sua contribuição para dar como resposta aos novos desafios sociais que afetam a escola e sua tarefa. Uma parte importante de docentes subvaloriza sua contribuição e, ao mesmo tempo, lamenta-se da pouca valorização social que recebe sua profissão. Vivem sua profissão na Espanha com certa tranquilidade e, simultaneamente, com incerteza. Um estado anímico que pode gerar atitudes acomodadas e não ajuda a melhorar a qualidade da educação em um momento de mudanças como o atual[20].

O grau de satisfação com o qual vive sua profissão, a formação pessoal em recursos adaptativos para ajustar sua tarefa a novas exigências, a cultura docente e as condições organizacionais da escola devem ser revistos a fim de prevenir com eficácia situações que podem gerar estados de desânimo, indiferença e incompetência diante das mudanças e podem derivar em esgotamento profissional do docente. Se nos remetemos à pesquisa mais recente e completa sobre o esgotamento profissional do

---

20. Martínez, M. (org.), *El professorat i el sistema educatiu catala. Propostes per al debat.* Barcelona: Editorial Mediterrània i Fundació Jaume Bofill, 2008. Politiques, 62, p.175-197. Esteve, J. M., *La tercera revolución educativa: la educación en la sociedad del conocimiento.* Barcelona: Paidós, 2003.

docente desenvolvido na Catalunha – os dados não diferem de outros estudos relativos à Espanha –, que citamos anteriomente, veremos que aproximadamente 6% dos docentes apresentam níveis de risco em duas ou três das dimensões que caracterizam a síndrome de esgotamento profissional. A síndrome, avaliada de acordo com o instrumento Maslach Burnout Inventory, caracteriza-se por três dimensões das relações entre o profissional e sua tarefa: esgotamento emocional, despersonalização e endurecimento emocional e autoavaliação negativa do exercício profissional. A cifra é notável. Porém, convém ver as duas faces da moeda. Os outros 94% não apresentam níveis de risco ou, no máximo, os apresentam só em uma das dimensões. Do meu ponto de vista, é importante refletir sobre o perigo de se construir uma imagem social passiva do docente e de sua profissão, que é exatamente contrária ao que pretendemos: tornar a profissão atrativa e ajustada à sua percepção social.

Um dos objetivos a serem atingidos para reduzir as situações de estresse e, consequentemente, as de esgotamento profissional na docência, é conseguir que o docente aprenda a regular adequadamente sua relação com a tarefa que desempenha. Como se trata de uma síndrome, e não de uma doença, depende em grande medida da relação que se estabelece entre o profissional e sua tarefa, e não só da pessoa ou da tarefa. Diante de situações com características semelhantes, apenas alguns docentes desenvolvem a síndrome de esgotamento profissional. Isto é, existe certa margem para o treinamento e a aprendizagem. É preciso incorporar com urgência, na formação inicial dos docentes e na formação no local de trabalho e na continuada, objetivos de aprendizagem relacionados com a

PROFISSÃO DOCENTE: PONTOS E CONTRAPONTOS

aquisição de competências para controlar o estresse e regular os processos que possam conduzir a situações de mal-estar[21] e de esgotamento profissional.

Todavia, nem tudo se reduz a um conjunto de propostas formativas orientadas para uma melhor preparação individual do docente. É importante sugerir objetivos que afetem políticas relacionadas com os fatores que geram ou não bem-estar no docente, com a cultura das escolas e a gestão da função docente no sistema. Ao menos, este é o conjunto de fatores que consideramos ao abordar esse tipo de questão em nosso contexto e o que, à luz dos estudos e relatórios no nível internacional, parece que devemos considerar.

Nesse sentido, podemos afirmar que existem fatores de risco e fatores de proteção do bem-estar do docente. Entre os de risco estão: a falta de coordenação e de trabalho em equipe, a má gestão do tempo; a falta de objetivos e o perfeccionismo. Entre os de proteção: facilitar apoio ao docente na sua tarefa; gerar sentido de pertinência a uma equipe docente que compartilha responsabilidades – sucessos e fracassos – e a uma instituição com projeto educativo de centro de debates e avaliação de forma habitual; dispor de incentivos individuais e de equipe que estimulem o docente que se empenha para a melhoria da qualidade e que não facilitem atitudes acomodatícias no professorado.

Sonia Penin: Penso, Valéria, que em grande medida o Miquel encaminhou essa questão, na parte do texto que você indica.

---

21. Esteve, J. M., *El malestar docente*. Barcelona: Laia, 1987. (Última edição, de 2004: Barcelona, Paidós)

Quando ele afirma que o professorado não goza de bem-estar ele se refere não às questões econômicas da categoria, mas à percepção de não reconhecimento pela tarefa que realizam, assim como também a uma provável falta de cumplicidade com os demais colegas da sua escola. Miquel segue afirmando que o desenvolvimento de uma cultura colaborativa e de equipe poderia ajudar na superação desse mal-estar. Junto-me a ele, Valéria, nessa ênfase da importância do desenvolvimento de uma cultura colaborativa que no meu entender, além de ajudar na busca de bem-estar, o faz em muitas outras questões estratégicas para a profissão docente e para uma escola de boa qualidade.

Quanto aos dados que você apresenta, Valéria, eu consideraria dois pontos. Um, a necessidade de aprofundamento a respeito do significado ou dos sentidos que os respondentes deram às enquetes, tendo em vista a diferenciação que mencionei em outra parte deste debate entre os fatores de satisfação e os de insatisfação no trabalho apontados pelos professores, conforme pesquisa que realizei anos atrás. Lembrando o que afirmei anteriormente, naquela investigação (que naturalmente não pretendo generalizar) as professoras indicavam insatisfação principalmente com os fatores extrínsecos ao trabalho – como salário baixo e más condições de trabalho – e satisfação com os intrínsecos – como ver os alunos aprenderem e as relações agradáveis que com estes mantinham.

Naturalmente, há que se procurar melhorar numa escola ambas as dimensões – extrínsecas e intrínsecas – de satisfação/ insatisfação do professor no trabalho. Todavia, são diferentes os caminhos das ações para perseguir a melhoria em cada uma dessas dimensões. No caso da busca de melhoria da dimensão

PROFISSÃO DOCENTE: PONTOS E CONTRAPONTOS

mais extrínsica, os professores devem trabalhar sobretudo com o sindicato, que em geral é o canal de interlocução com as instituições empregadoras para esse tipo de questão. Já a melhoria relacionada com a dimensão mais intrínseca do trabalho docente pressupõe um trabalho com os colegas, direção e outros sujeitos que vivem ou se relacionam com a escola, como pais de alunos, pessoas significativas da comunidade local etc. Nesse ponto, meu entendimento caminha muito próximo ao que Miquel identifica como mudanças de ordem qualitativa para avançar numa situação de mais bem-estar. Acredito que o reconhecimento que falta aos professores advém tanto da sociedade em geral quanto dos sujeitos com os quais os professores se relacionam em cada escola. Se é difícil lidar com a "sociedade em geral" ou com as mídias – o que também nesse caso poderá ser melhor encaminhado pelos sindicatos –, certamente é da inteira governabilidade dos integrantes de uma escola a formulação de uma estratégia cooperativa a ser desenvolvida no seu cotidiano.

Nesse sentido, reitero minha concordância com Miquel no sentido de que o desenvolvimento de uma cultura colaborativa e de equipe é o caminho mais promissor para se alcançar o bem-estar do professorado. No caso brasileiro, o que atrapalha substancialmente o alcance desse bem-estar é o fato já afirmado de que o surgimento de uma equipe coesa demanda a permanência dos profissionais numa mesma escola, o que a alta rotatividade dos professores prejudica. Urge que sindicatos e sistemas de ensino proponham política pública que reverta esta tendência.

O segundo ponto a considerar a respeito dos dados que você apresenta relativos às faltas de professores, Valéria, é que tais faltas, em grande medida, são consequência tanto de doenças reais quanto da desmotivação do professor em relação ao trabalho que realiza ou ao ambiente em que o realiza. Melhor do que atacá-las com medidas administrativas de cunho punitivo, geralmente humilhante para o professor, melhor será atuar sobre as prováveis causas.

Valéria: Como bem escreveu a Sonia em seu texto inicial, o movimento de democratização da escolaridade básica trouxe a diversidade para dentro das salas de aula. Novos contingentes populacionais, pouco habituados ao universo escolar, passaram a fazer parte desse cotidiano. A escola de hoje está aberta a todos, e a integração dos alunos – muitos deles filhos de pais não escolarizados e representantes de uma primeira geração que tem acesso ao ensino escolar – sugere uma reorganização da instituição, com vistas ao fortalecimento dos vínculos entre os alunos, suas famílias e a escola.

Na contramão disso, a realidade educacional tem nos mostrado um grande distanciamento entre a escola e as instituições externas a ela, em especial a família. Como entender e enfrentar essa realidade?

Miquel Martínez: Tal e como já manifestamos em trechos anteriores, é possível identificar diferentes fatores que permitem afirmar que atualmente a tarefa do professor se encontra diante de uma mudança, ou, melhor dito, diante de um conjunto de mudanças que requer certa modificação de atitudes e de valores do docente em relação à sua função profissional. Estas transformações obrigam o docente a focar o que faz, fixando-se não só no que é necessário ensinar, mas também em como isso é feito,

PROFISSÃO DOCENTE: PONTOS E CONTRAPONTOS

como garante que aquilo que ensina é aprendido e como avalia, com a finalidade de tornar o aluno mais competente para a vida, o estudo e o mundo do trabalho. Trata-se de uma mudança importante que permite afirmar e reconhecer a existência de um novo paradigma educativo e obriga a reformular a educação e o trabalho dos docentes. Mas não só o deles. O docente e a escola não podem fazer isso sozinhos.

As modificações referem-se aos alunos – que mudaram qualitativamente – e a suas famílias – que também mudaram; à necessidade de entender a educação como algo que não pode se reduzir à atividade escolar e requer alianças, ao menos, com os outros agentes educacionais e sociais; à crescente presença, em salas e bairros, de crianças e adolescentes com tradições e famílias diversas que geram espaços de convivência e aprendizagem nas escolas, que apresentam uma composição mais heterogênea e diversa que antes; e, tal como você comenta no caso do Brasil, com alunos pouco habituados ao universo das instituições escolares.

A escola, sozinha, não pode exercer bem sua função. A escola e o docente desempenharam bem sua função quase sempre em colaboração. Ao longo da última década, pelo menos, a responsabilidade educadora das famílias diminuiu e aumentou o número de famílias – de composição muito diversa – que simplesmente delegam a educação dos filhos à escola, convencidos, além de tudo, de que é seu direito. No entanto, a sociedade atual não é um bom lugar no qual apostar somente em uma criação natural de nossos filhos. É uma sociedade que requer colaboração, pelo menos entre famílias e escola, para poder aproveitar as possibilidades que a mesma sociedade oferece para o crescimento pessoal e o progresso social. Mas é uma sociedade que, de maneira natural, não prepara as gerações mais jovens, tornando-as competentes para aproveitar o momento histórico em que vivem. Apesar de nossa sociedade ser um bom espaço para gozar de mais liberdade, apreciar os valores da democracia e viver um pluralismo que permite diferentes atitudes de ser e de construir a vida, não é o melhor lugar para aprendê-lo informalmente. Nossa sociedade, as famílias, os meios de comunicação, a propaganda etc. não promovem exatamente a perseverança, a atenção e concentração em uma tarefa de maneira concreta, o respeito às normas ou a aceitação de limites. Nossa sociedade promove o consumismo e cria necessidades fictícias que não nos ajudam a ser mais felizes nem tornam o mundo mais justo. Por tudo isso, a educação, e a escola em particular, são mais importantes que nunca. Não podemos deixá-la sozinha, porque isolada não poderá fazer bem seu trabalho.

Obviamente, o professorado deverá ser competente para trabalhar com as diferentes famílias e deverá melhorar suas habilidades para persuadir e convencer pais e mães de sua tarefa e da necessidade de trabalharem juntos, o que não será suficiente. É necessária uma aposta muito séria, com recursos humanos adequados, para atender à ocorrência cada vez frequente de situações de alterações emocionais e do comportamento na infância e na adolescência que causam impacto na saúde mental das famílias e no bem-estar do trabalho na escola.

É urgente dispor de mais serviços públicos de atenção psicopedagógica, social, pediátrica e psiquiátrica para a infância e a adolescência, para suas famílias e para os docentes, os educadores e os profissionais da educação em geral. É necessário um novo planejamento do conjunto de apoios que hoje são necessários para desenvolver uma boa tarefa educadora, a da escola e também a da família, sem a qual é muito difícil a primeira. É necessária mais colaboração entre família e escola, mas ela servirá de pouco se o governo e a sociedade não dedicarem mais recursos humanos para aumentar a prestação de serviços de atenção psicopedagógica, médica e social.

Em um recente artigo que publiquei em Barcelona, afirmava, referindo-me a essas questões, que estava um pouco farto de ouvir que, para educar um menino faz falta toda uma tribo, e que, por outro lado, quando a educação necessita da tribo esta não se encontra em nenhum lugar. E é nesse pé estamos.

Sonia Penin: O fator família nos resultados escolares dos alunos tem sido indicado como importante em pesquisas realizadas por duas circunstâncias principais. A primeira focada nos alunos, porque o interesse e a assessoria dos pais e/ou outros familiares em relação aos trabalhos escolares das crianças contribui tanto para o seu maior empenho quanto para mais uma oportunidade de aprendizagem. A segunda relacionada com profissionais e demais agentes escolares, porque a presença da família no ambiente escolar ajuda-os a melhor conhecê-la, seus modos e condições de vida, ampliar suas possibilidades de não ferir suscetibilidades dos alunos com atitudes ou palavras inadequadas, ou ainda formulando e propondo trabalhos que representem novas e significativas referências culturais para seus alunos.

Sabemos que as famílias pertencentes às camadas médias, dotadas de experiência escolar, geralmente acompanham ou têm melhores condições de supervisionar os trabalhos escolares dos seus filhos, o que representa oportunidade de maior empenho por parte destes. Tal não ocorre, como você reitera, Valéria, com os alunos cujas famílias não têm histórico escolar mais alentado.

Há estudos, ainda, que mostram a importância da influência não somente da família, mas de todo o contexto social cotidiano das crianças sobre os seus resultados escolares. Comunidades locais que desenvolvem experiências culturais diversificadas influenciam de maneira positiva as crianças, mesmo sem a presença de laços familiares. Isto abre para a escola um novo espaço de atuação. Há experiências conhecidas de projetos em que a escola, em parceria com outras instituições governamentais ou não-governamentais, atuam em comunidades específicas – favelas, cortiços etc. –, potencializando experiências culturais diversificadas.

Propor, incentivar e demandar dos governos, de instituições e organizações diversas, universidades inclusive, projetos com as lideranças comunitárias onde a escola se situa é um campo ainda pouco explorado, cujos resultados podem renovar o significado do processo educacional na atualidade. Experiências pontuais em que articulações desse tipo ocorreram tiveram como resultado inclusive a diminuição de depredação da escola, o que hoje é algo comum nas grandes metrópoles brasileiras. Quem sabe a multiplicação de experiências desse tipo poderá, num futuro próximo, levar à multiplicação de comunidades educadoras ou cidades educadoras.

Valéria: Para a última pergunta trarei uma ideia de Anne Colby, pesquisadora sênior da Carnegie Foundation for the Advancement of Teaching, que em minha opinião pode enriquecer e trazer novos elementos para nosso diálogo. Segundo Colby, os objetivos da

PROFISSÃO DOCENTE: PONTOS E CONTRAPONTOS

educação profissional estariam centrados em três formas de aprendizagem: formação intelectual sobre conhecimentos acadêmicos; aprendizagem prática baseada em habilidades; aprendizagem de padrões éticos, papéis sociais e responsabilidade funcional. O que lhes parece essa ideia? Como vocês veem a integração desses três aspectos na formação docente?

Miquel Martínez: Serei breve. Ao longo de nosso texto, apontamos diferentes propostas para aqueles blocos de competências que consideramos fundamentais na formação profissional inicial do futuro docente, bem como na formação continuada e no local de trabalho. A proposta de Anne Colby me parece muito oportuna. Concordo com ela. Acho que, em uma sociedade da informação e da diversidade como é a nossa, o docente[22] deve ser especialmente competente para: saber lidar com a informação (formação intelectual sobre conteúdos acadêmicos); saber regular situações de docência e aprendizagem e de convivência na sala de aula; e deve estar em condições de exercer sua profissão com responsabilidade social e ética[23].

Porém, penso que, de acordo com as aprendizagens propostas por Anne Colby, poderíamos, além disso, considerar o seguinte: em primeiro lugar, a importância de um quarto pilar, que poderia também fazer parte da terceira proposta e agruparia um conjunto de aprendizagens – talvez funcionais? – orientadas à

---

22. Martinez, M.; Bujons, C. (coords.), *Un lugar llamado escuela en la sociedad de la información y la diversidad*. Barcelona: Ariel, 2001.

23. Martinez, M., *El contrato moral del profesorado*. Bilbao: Desclee de Brouwer, 1998.

VALÉRIA AMORIM ARANTES (ORG.)

aquisição de competências para que o docente saiba trabalhar em equipe e em igualdade de condições junto com outros profissionais da saúde, dos serviços sociais e agentes sociais, trabalhistas e culturais do território e da comunidade na qual se encontre sua escola. A aliança entre todos os agentes educacionais e a família deve estar regulada e liderada por alguém, e, quando as circunstâncias o propiciarem, se o professor estiver preparado para atuar como orientador do aluno e líder do processo, a eficácia da ação estará garantida.

Em segundo lugar, é conveniente que o docente esteja formado no uso cotidiano das tecnologias da informação e da comunicação, não só como usuário – que provavelmente já seja –, mas como forma de trabalho e de expressão. O trabalho em rede e a construção colaborativa do conhecimento que facilitam as tecnologias da aprendizagem e a comunicação são fatores que podem promover novas atitudes e estilos docentes que estejam de acordo com muitas das propostas que ao longo deste diálogo foram surgindo.

Em terceiro lugar, é interessante que o docente esteja formado profissionalmente na gestão do espaço da sala e do tempo escolar. A diversidade nas salas e nas escolas e a heterogeneidade entre nossos alunos são maiores que entre os grupos. As diferenças não estão entre os grupos, mas em cada aluno. Alunos diferentes solucionam problemas idênticos e abordam situações semelhantes com estratégias distintas. A gestão da convivência, do comportamento e da disciplina em salas heterogêneas nem sempre é uma competência inata em todo docente, mas uma competência imprescindível para um adequado exercício profissional.

E, em quarto lugar, é útil que o futuro docente se forme em aprendizagens e conteúdos que nunca deverá ensinar. Que dedique tempo a aprender pelo simples fato em si e desfrute de aprender sem a necessidade de que o que aprenda possa servir para sua tarefa docente um dia. Parece-me importante levar isso em conta nas ofertas de formação continuada. A densidade cultural, o interesse por saber mais e a curiosidade intelectual do professorado são garantia de uma educação de qualidade. A educação, a escola e a sociedade precisam de docentes competentes e, para isso, e devem ser capazes de mobilizar todos os seus recursos cognitivos – aprendizagens informativas e conceituais, habilidades e atitudes e valores – para abordar com eficácia situações educativas reais.

Nesse jogo de forças racionais, volitivas e do mundo dos sentimentos, e nesse exercício de inteligência teórica e de inteligência prática, a formação intelectual do docente e sua capacidade de se surpreender e de ser empreendedor são fundamentais.

Muito obrigado, Valéria e Sonia, por ter podido compartilhar com vocês minhas reflexões e considerações.

Sonia Penin: Tal entendimento de educação profissional se equivale a outras formulações, inclusive ao objetivo geral da graduação vigente na USP: "Formação de um profissional competente, socialmente crítico e responsável pelos destinos de uma sociedade que se deseja justa, democrática e autossustentável". Atender tal objetivo demanda o desenvolvimento dos três tipos de aprendizagem citados por Colby. Competência pressupõe uma articulação contínua entre conhecimentos acadêmicos e o fazer específico da profissão (ofício, conforme Miquel apontou), de forma a respon-

VALÉRIA AMORIM ARANTES (ORG.)

der quer pela função social *stricto sensu* a que a profissão se destina, quer pela função sociopolítica a qual os profissionais devem se ater como cidadãos e como sujeitos críticos, discutindo a inserção da profissão e de seu próprio papel de forma responsável num projeto de desenvolvimento nacional e de civilização.

Quanto à profissão docente em especial, Valéria, há questões a serem acrescentadas à articulação acima descrita, fruto de sua complexidade. Primeiro, na docência, à necessidade de que o profissional seja competente, crítico e ético acrescenta-se que ele deve inserir crianças e jovens numa formação pessoal, cujo processo, além dos objetivos, tenha as mesmas características, ou seja, seja prenhe de valores humanos fundamentais em que a ética e o pensamento crítico cultivado com o uso de argumentos consistentemente formulados representam papel central.

Segundo, na docência, cada acontecimento é sempre singular, como já afirmado, exigindo um enfrentamento investigativo a cada vez, para o qual os conhecimentos acumulados – teóricos e práticos –, a sensibilidade e a postura ética desenvolvidas compõem a sua condição de êxito.

Enfim, Valéria, essa profissão que afinal foi a que também escolhemos é complexa e desafiadora, exigindo de cada um contínua vigilância, esmero nos estudos e sensibilidade na avaliação de tudo que está em jogo em cada acontecimento. Ações e atitudes assim afloradas, seja no espaço de governabilidade de cada um, seja no espaço mais amplo das propostas e decisões de políticas públicas, podem abrir caminhos para que uma pessoa, uma turma de alunos, uma escola, uma cidade, um país utilizem o máximo de seu potencial, superem a si mesmos e, dessa forma, contribuam para a melhoria da própria humanidade.

PROFISSÃO DOCENTE: PONTOS E CONTRAPONTOS

Ao finalizar, quero agradecer o seu convite, Valéria, para participar desse estimulante colóquio em cascata com Miquel, cujos textos me propiciaram o privilégio de conhecê-lo e de admirar o seu pensamento, ao mesmo tempo que representaram para mim uma oportunidade exemplar para exercitar o meu pensamento de forma desafiadora e prazerosa.

IMPRESSO NA
sumago gráfica editorial ltda
rua itauna, 789 vila maria
02111-031 são paulo sp
telefax 11 **2955 5636**
sumago@terra.com.br

leia também

EDUCAÇÃO E VALORES
Ulisses F. Araújo e Josep Maria Puig

Qual a origem da moralidade? Como se dão os processos de construção e/ou apropriação de valores? Como formar moralmente os alunos? Podem, escola e educadores, ensinar valores? Os autores desta obra debatem, entre outros assuntos, os processos psicológicos que levam à construção de valores, a influência da afetividade em tais processos, o papel da religião na educação moral e o conceito de inteligência moral.
REF. 10335   ISBN 978-85-323-0335-6

EDUCAÇÃO FORMAL E NÃO-FORMAL
Elie Ghanem e Jaume Trilla

Neste livro, os autores discorrem sobre os diferentes aspectos que contemplam essas duas perspectivas das práticas educativas, analisando seu aspecto histórico, social e político. Os pontos e contrapontos tecidos no diálogo estabelecido por Ghanem e Trilla sinalizam a importância da cooperação e da complementariedade entre a educação formal e a não formal, na busca de uma educação mais justa e mais democrática.
REF. 10501   978-85-323-0501-5

INCLUSÃO ESCOLAR
Maria Teresa Eglér Mantoan e Rosângela Gavioli Prieto

Neste livro, as autoras adentram os labirintos da inclusão escolar analisando, com muito rigor científico, suas diferentes facetas. No diálogo que estabelecem, abordam pontos polêmicos e controvertidos, que vão desde as inovações propostas por políticas educacionais e práticas escolares que envolvem o ensino regular e especial até as relações entre inclusão e integração escolar.
REF. 10733   ISBN 978-85-323-0733-0

leia também

EDUCAÇÃO DE SURDOS
Regina Maria de Souza e Núria Silvestre

Quarto volume da coleção Pontos e Contrapontos, esta obra discute as conseqüências da inclusão da língua brasileira de sinais nos cursos de formação de professores. O tema suscita discussões: como manter o equilíbrio entre a língua oral e a de sinais? Qual a posição do implante coclear nesse processo? Podem, a escola e a família, impor ao surdo uma dessas linguagens? Livro fundamental para a era da inclusão.

REF. 10400   ISBN 978-85-323-0400-1

HUMOR E ALEGRIA NA EDUCAÇÃO
Valéria Amorim Arantes (org.)

Se por um lado a vida escolar é composta de obrigações e deveres nem sempre prazerosos, embora necessários, por outro trata-se de um momento pleno de desafios e descobertas. Quase sempre esquecidos, humor e alegria são ingredientes preciosos e essenciais do fazer escolar. Este é o tema desta coletânea, constituída por diferentes autores e abordagens.

REF. 10700   ISBN 85-323-0700-0

JOGO E PROJETO
Lino de Macedo e Nílson José Machado

Neste livro, os autores desenvolvem, de forma crítica, sistemática e objetiva, idéias sobre as complexas relações entre *jogo e projeto*. No diálogo que estabelecem, cruzam perspectivas divergentes e convergentes, integram novos elementos e significados à discussão, ampliam os horizontes da temática e sinalizam novas formas de organização do pensamento e das práticas educativas cotidianas.

REF. 10735   ISBN 85-323-0735-3

------- dobre aqui -------

Carta-resposta
9912200760/DR/SPM
Summus Editorial Ltda.

CARTA-RESPOSTA
NÃO É NECESSÁRIO SELAR

O SELO SERÁ PAGO POR

C AVENIDA DUQUE DE CAXIAS
1214-999 São Paulo/SP

------- dobre aqui -------

CADASTRO PARA MALA-DIRETA

Recorte ou reproduza esta ficha de cadastro, envie completamente preenchida por correio ou fax, e receba informações atualizadas sobre nossos livros.

Nome: _____ Empresa: _____

Endereço: ☐ Res. ☐ Coml. _____ Bairro: _____

CEP: _____-_____ Cidade: _____ Estado: _____ Tel.: ( ) _____

Fax: ( ) _____ E-mail: _____ Data de nascimento: _____

Profissão: _____ Professor? ☐ Sim ☐ Não Disciplina: _____

1. Você compra livros:
- ☐ Livrarias
- ☐ Feiras
- ☐ Telefone
- ☐ Correios
- ☐ Internet
- ☐ Outros. Especificar: _____

2. Onde você comprou este livro?

3. Você busca informações para adquirir livros:
- ☐ Jornais
- ☐ Amigos
- ☐ Revistas
- ☐ Internet
- ☐ Professores
- ☐ Outros. Especificar: _____

4. Áreas de interesse:
- ☐ Educação
- ☐ Administração, RH
- ☐ Psicologia
- ☐ Comunicação
- ☐ Corpo, Movimento, Saúde
- ☐ Literatura, Poesia, Ensaios
- ☐ Comportamento
- ☐ Viagens, Hobby, Lazer
- ☐ PNL (Programação Neurolingüística)

5. Nestas áreas, alguma sugestão para novos títulos?

6. Gostaria de receber o catálogo da editora? ☐ Sim ☐ Não

7. Gostaria de receber o Informativo Summus? ☐ Sim ☐ Não

Indique um amigo que gostaria de receber a nossa mala direta

Nome: _____ Empresa: _____

Endereço: ☐ Res. ☐ Coml. _____ Bairro: _____

CEP: _____-_____ Cidade: _____ Estado: _____ Tel.: ( ) _____

Fax: ( ) _____ E-mail: _____ Data de nascimento: _____

Profissão: _____ Professor? ☐ Sim ☐ Não Disciplina: _____

Summus Editorial
Rua Itapicuru, 613 7º andar 05006-000 São Paulo - SP Brasil Tel. (11) 3872-3322 Fax (11) 3872-7476
Internet: http://www.summus.com.br e-mail: summus@summus.com.br